CARNETS DE CUISINE
Du Périgord à l'Élysée

Danièle Mazet-Delpeuch

CARNETS DE CUISINE
Du Périgord à l'Élysée

bayard

© Bayard 2012
18, rue Barbès, 92128 Montrouge Cedex (France)
ISBN 978-2-227-48607-2

**En remerciement à ceux qui m'ont encouragée,
et à ceux qui ont essayé de me décourager.**

Dans mon livre, les recettes se poseront comme les oiseaux dans un arbre, uniquement s'il y a une branche confortable pour les accueillir.

M. F. K. Fisher

AU DÉBUT

Septembre 2012. J'arrive à Cannes avec Catherine Frot et le producteur Étienne Comar. La voiture nous dépose devant le *Carlton*. Nous sommes là pour la présentation du film *Les saveurs du Palais*. En franchissant le seuil, un souvenir me touche : j'ai quinze ans environ, j'observe, par une porte entrouverte, le hall de ce bel endroit. Un ami de ma sœur, l'homme aux clefs d'or du moment, m'a permis de regarder passer les jolies robes. Je me souviens : la plus belle femme du monde s'avance, Sophia Loren, en majesté. Une gorge sublime, dénudée à l'excès, une taille fine, fine, et de multiples volants de dentelle blanche...
Ce jour de septembre, quand le maître d'hôtel pousse la porte de la suite qui m'est proposée, j'ai le temps de lire la plaque dorée apposée à l'entrée : *Suite Sophia Loren*.
Cette histoire commence en février 2008. Rentrée d'Antarctique depuis quelques temps déjà, je m'applique à réaliser le rêve de truffes que j'ai fait là-bas : reconstituer les truffières de mon grand-père qui ont fait la réputation de la maison jusqu'au milieu du XXe siècle.
Pour commencer, créer une truffière sur ma terre, en Périgord, et dans les années qui vont suivre, son pendant en Nouvelle-Zélande.
Pourquoi ma terre ? Parce que j'en assure la protection et qu'elle est truffière. Pourquoi la Nouvelle-Zélande ? Il me

semble que mes petits enfants pourront rêver plus à l'aise avec un pied dans notre vieux monde et l'autre dans ce fabuleux nouveau pays. Et puis, le sol de certains endroits là-bas présente des caractéristiques truffières. Par ailleurs, la production hivernale dans l'hémisphère sud correspond à notre été. C'est un projet pour manger des truffes toute l'année ! Si planter et travailler dehors, dans mes bois, m'enchante, j'ai aussi besoin d'apprendre et de faire quelque chose avec mes découvertes. En cette fin d'hiver, je demande à un ami de réunir un peu de ces gens intéressants qui cherchent, savourent, et racontent des histoires de cuisine et de vin. S'il peut m'accueillir chez lui à Paris, je ferai le dîner. Autour d'une galantine de dinde au foie gras longuement mûrie sur les étagères de ma cave à la Borderie et des pâtes aux truffes, la conversation est passionnante et roule bien. On se régale.

Une femme est présente à ce dîner. Les autres convives semblent la connaître. Intéressante, précise, renseignée, visage ouvert mais sévère, elle me pose une ou deux questions sur les cuisines de l'Élysée. J'élude ! Le motif du dîner, ce sont les truffes et l'histoire de la gastronomie. Quelques temps plus tard, trois ou quatre mois peut-être, cette dame m'appelle à la Borderie. Elle veut faire un portrait de moi dans le journal *Le Monde*. Cette idée me plaît bien sûr. Je sais maintenant qui elle est. Et comment elle écrit. Nous nous rencontrerons en octobre. Elle demandera qu'on réalise une photo sous les voutes de la cave d'un traiteur parisien où je vais poser, dans l'odeur puissante des Bellota et des Jabugo pendus par dizaines.

Une grande photo paraît le 24 décembre. J'y figure, assise, couronnée de jambons. Accompagné d'un texte simple, précis et direct, titré « La cuisinière de Mitterrand », le portrait est signé Raphaëlle Bacqué. Je vais découvrir cette page en même temps qu'un Monsieur qui va m'appeler dans les jours suivant :
– Bonjour Madame, je m'appelle Étienne Comar, je suis producteur, j'ai depuis longtemps envie de faire un beau film sur la cuisine et j'aimerais beaucoup en parler avec vous.
Je me souviens que c'est sa retenue et sa courtoisie qui m'ont surprise. Elles me changeaient du ton des nombreux appels d'inconnus que cet article avait suscités.
Étienne a été parfait. Il m'a téléphoné de temps en temps dans les mois qui ont suivi, comme pour me rappeler à son bon souvenir !
Quant à moi, je connaissais au moins un producteur de film… Il était un peu dans ma tête. Mais sans plus.
Un dimanche matin d'été, alors que je préparais un déjeuner comme je les aime, invités mélangés, avec ma fille, Anne, de passage, des amis de Hong Kong, des cousins… Étienne me téléphone et me dit qu'il est dans ma région avec son épouse et qu'ils passeraient me voir si j'étais disponible. Aujourd'hui, car demain ils seront repartis. Je l'invite à se joindre à nous pour déjeuner. Il se défend d'oser, puis il accepte.
C'était un bon et joli moment, amical, tendre et savoureux. Il m'a dit depuis, avoir vraiment décidé de faire ce film à l'issue de ce déjeuner.

J'ai mis plus de temps à me décider. La cuisine, bien sûr. Un beau film de cuisine, bien sûr.

Mais que peut imaginer un producteur de cinéma, vivant dans la capitale, de la splendeur des moments passés sur les marchés de ma région ; des couleurs fugaces des petits matins sur les rosées du potager ; des minutes où l'on attend au coin du bois qu'il y ait assez de lumière pour voir les premiers champignons poussés de la nuit tout en imaginant les recettes. Et le cavage des truffes, l'odeur, le chien grattant le sol frénétiquement, et les chercheurs à genoux autour de la trouvaille, le nez plein de terre à force de humer. Sans parler du retour à la maison. Le beurre de truffes étalé sur la tartine chaude...

– Non, tout ça, ça fait un régal, pas un film.
– Si, Danièle, ça peut faire un film.
– Mais pour l'Élysée et le président, c'est NON, NIET, NO, NADA, RIEN, JAMAIS ! Tout ce que j'ai à dire sur le sujet est dans le livre.
– On n'aura peut-être pas besoin d'aller très loin.
– .... Menteur !

Je me trompais.

En septembre 2012 est sorti un très joli film. Et je suis bien fière qu'une partie de mes aventures ait permis à Étienne Comar de caracoler en images et lumières sur son rêve.

Danièle Mazet-Delpeuch

CAHIERS DE LA BORDERIE

À l'automne de 1994, La Borderie se prépare à accueillir une centaine de personnes venues d'Amérique du Sud et de tous les coins de France, pour fêter l'entrée dans notre famille de Marcia Camacho y Saba, ma nouvelle fille, future épouse de mon fils aîné. Depuis plusieurs jours, la grande ferme périgourdine est prise d'une joyeuse et permanente agitation de fourmilière — personne n'ayant accepté d'aller à l'hôtel, la maison, pourtant vaste, est occupée du haut en bas, y compris les greniers transformés en dortoirs.
À quatre cordons-bleus bien accordés aux fourneaux, sous la direction de ma fille Julia, nous réaliserons le menu des noces périgourdines de la belle Bolivienne.
Nous avons décidé de ne pas nous brider et d'offrir tout ce qui nous ferait plaisir.

Menu

Moules farcies à la sétoise
Magret fumé aux pruneaux
Feuilleté de tomates au pistou
Escargots de la garrigue aux noix
Brochettes de poulet au sésame

Soupe de citrouille
Foie gras Brigitte
Papas a la huancaina
Gigot de sept heures
Tourte de pommes de terre
Macaronis à la Jeannette
Humitas al horno

Cabécous et Figues et Noix et Raisin et Poires

Gâteau de la mariée
Meringues et Palmiers
Tuiles dentelles à l'orange
Gaufres Suzy
Pets-de-nonne et Confiture de pêches de vigne
Choux chantilly

Pasti aux pommes

Ma sœur Lisou apporte de Sète son robot hors pair, sa théière, son thé préféré et dix kilos de belles moules à farcir. Julia et Brigitte débarquent de Ramatuelle, des recettes plein la tête et deux mille escargots dans un grand sac de toile de jute, méticuleusement ramassés dans les vignes, à la juste saison, par Loulou... Tout le reste sera trouvé ici, en Périgord, à l'exception des épices pour les plats boliviens, que la mariée apportera dans de précieux sachets, l'avant-veille du jour J. Le champagne, les bougies, les provisions, les fleurs, l'adjoint au maire plein d'initiative, les larges parapluies de marché prêtés par Michel Jeoffre, un voisin, pour relier la grande cuisine de la ferme au chapiteau loué pour la circonstance, les longues nappes brodées tirées des hautes armoires, la course aux cent dix chaises, composent les éléments d'un puzzle imaginé plusieurs semaines auparavant et qui se met en place en se bousculant, les derniers jours. La veille du mariage, par exemple, nous réalisons que nous avons oublié de faire imprimer des menus. Alors, en quelques minutes, mon fidèle Macintosh nous concoctera une petite merveille que nous imprimerons sur le papier à en-tête de l'association des Cuisinière du monde, et que Valentine nouera d'un léger raphia. Moments fébriles et de plaisir à anticiper la réalisation finale s'entremêlent dans une joyeuse et affectueuse anarchie.

En piste depuis le début de la semaine, une fois le travail réparti, les cuisinières vont à leurs occupations, l'œil fixé sur la ligne d'arrivée : l'après-midi du samedi, cinq jours plus tard.

Aux voix, et à l'unanimité, j'ai été désignée pour réaliser le gâteau de mariage. Après avoir rêvé d'une création hollywoodienne, totalement hors de ma portée, je me suis décidée pour une vaste génoise de soixante centimètres de côtés (à la mesure du plus grand four de la maison et de son plat assorti), qui représenterait la Bolivie. Je n'ai jamais fait de génoise, mais la lecture du processus de la recette m'a toujours inspirée. L'idée que, pour reconnaître la juste cuisson, il faut presser doucement la surface du gâteau avec la paume de la main et entendre le même son que celui d'un pas dans la neige poudreuse, me paraît d'une poésie absolue.
Après avoir agrandi aux dimensions appropriées une carte de la Bolivie tirée de l'atlas familial, restait à confectionner le gâteau, qui se devait d'être très bon.
Sur présentation d'un essai, quelques jours plus tôt, le verdict était tombé de la bouche des co-cuisinières : « Tu fais le même, dix fois plus grand, et le jour même. Car rien ne peut remplacer cet inimitable goût de la génoise fraîche ! » Réussir ou perdre la face, tel est le dilemme. Je me rappelle avoir eu un instant d'hésitation à la perspective de me lancer, pâtissière peu expérimentée, dans les six ou sept heures nécessaires à la réalisation d'une des pièces maîtresses du menu, le matin du mariage de mon fils aîné. Mais comment faire autrement ? Le pool des cuisinières libérera le fourneau à 2 heures du matin.
Les trente-six œufs dans la grande bassine à boudins posée dans un bain-marie à peine frémissant demanderont

trois heures de travail au batteur électrique pour tripler de volume et couler en un ruban alangui de bon augure. Farine ajoutée en soulevant la pâte, puis beurre fondu, toujours sans briser la belle texture mousseuse des jaunes d'œufs sucrés et, assez satisfaite, je verse délicatement le mélange crémeux dans un grand moule, lorsque soudain je réalise que le beurre n'est pas complètement incorporé à la préparation et, horreur absolue, qu'il s'étale en une grande bande sur toute la diagonale du moule !

C'est raté ! Ne pouvant de toute façon rien faire pour rattraper cette bêtise, la mort dans l'âme, j'enfourne.

Mais des anges veillent sur les belles-mères de bonne volonté. La génoise sortira avec une épaisse pliure en biais, dont il ne sera pas difficile de poudrer le sommet de sucre glace, et que tous les Sud-Américains reconnaîtront comme la réplique, plutôt réussie, de la chaîne des Andes enneigées.

Fourrée d'une compote de reines-claudes, la Bolivie dessinée au pochoir — un fin carreau de verre bleu de Murano figurant le lac Titicaca —, la génoise deviendra une assez fidèle représentation du pays de la mariée, que la belle partagera dans les larmes, les rires et les applaudissements.

Carnets de cuisine, du Périgord à l'Élysée

* * *

Le gâteau de mariage de Marcia

Le marché pour 6 personnes
125 g de farine
1 pincée de sel
60 g de beurre (facultatif)
4 œufs
125 g de sucre semoule
1 cuil. à café d'eau de fleurs d'oranger
2 kg de reines-claudes en conserve
500 g de confiture de reine-claude
3 bâtons de vanille

- Dans une casserole à fond épais, mettre les prunes dénoyautées avec leur jus. Partager en deux dans le sens de la longueur les bâtons de vanille et en gratter l'intérieur au-dessus de la casserole. La compote avec les prunes, le jus, les bâtons et les graines de vanille doit cuire à feu très doux et réduire jusqu'à devenir à peine liquide. Attention, ne pas laisser caraméliser la compote. À ce point, mêler la confiture, ce qui rétablira le goût sucré, et l'eau de fleurs d'oranger, qui ne doit pas cuire.

- Beurrer et fariner un moule à génoise de 25 cm.

- Dans une bassine à fond arrondi (de façon à ce que le batteur puisse atteindre la totalité de la masse des œufs) incorporer le sucre aux œufs en battant légèrement. Puis, dans un bain-marie frémissant, battre le mélange jusqu'à ce qu'il fasse le ruban. Il présente alors une texture légère et mousseuse, et son volume a doublé, voire triplé.

- Hors du bain-marie, incorporer la farine en deux ou trois fois, en prenant bien soin de soulever le mélange avec une large cuillère en bois de manière à ne pas « casser » les œufs.

- Ajouter avec beaucoup de précautions le beurre fondu refroidi, avec la dernière partie de la farine. Le mélange perd du volume après l'ajout du beurre.

- Cuire à four moyen pendant 35 à 40 minutes. Le gâteau devient d'une belle couleur blonde (attention à la chaleur du four).

Le juste degré de cuisson se reconnaît au léger son que l'on entend lorsque l'on presse délicatement avec la paume de la main la surface du gâteau, et qui doit rappeler le bruit des pas dans la neige poudreuse.

- Laisser refroidir et, avec un couteau à longue lame, ouvrir en deux la génoise et fourrer de la compote refroidie.

* * *

En juin de « l'année du mariage de Vincent », je suis invitée à San Francisco, pour réaliser le dîner de gala de la Oldways Foundation.
Sous la direction de son président, Dun Gifford, cette fondation s'est donné pour tâche de réunir toutes les bonnes volontés qui, de par le monde, s'emploient à mettre en valeur les patrimoines culinaires.

J'ai fait la connaissance de Dun Gifford lors d'un congrès auquel il m'avait invitée en Tunisie. Il me raconta qu'au début de sa carrière d'avocat international, il avait rencontré Charles Ritz lors d'un séjour à Paris. Leurs premières conversations sur la pêche à la mouche, dans le cellier de l'hôtel, et en compagnie de quelques grands crus français, tournèrent rapidement à l'évocation de souvenirs plus personnels. Ils parlèrent notamment de leurs pères respectifs, de la force et de l'importance de la tradition, et de la nécessité de la transmettre.

« Charles Ritz était un très vieux monsieur, plein de sagesse. Il devint très sévère avec moi, vers la fin de mon séjour, et me dit : "Vous aimez, les traditions, l'agriculture et l'art culinaire ; vous devez, un jour, vous consacrer totalement à la défense de cet aspect essentiel de la culture des hommes."

« À cette époque, jeune avocat américain lancé dans la politique, je n'ai pas compris ce qu'il voulait dire. Par la suite, je suis allé en voyage d'étude en Chine avec l'équipe du Président Kennedy et là, j'ai vu ce qui arrivait lorsque la politique détruisait systématiquement toutes les traces de la tradition. J'ai vu, dans les universités, de très vieilles personnes pleines de dignité fouiller dans leur mémoire et conter à de jeunes étudiants attentifs, prenant des notes, tout ce dont elles pouvaient se souvenir. Alors j'ai compris la sévérité de M. Ritz. Il m'a fallu quinze ans pour changer de vie, fermer mon cabinet en plein essor et fonder Oldways Foundation (Les chemins de la tradition). »

Dun Gifford et moi nous nous sommes reconnus : nous parlions de la même chose, lui sur les scènes de la politique et de l'économie depuis Boston, et moi avec mes casseroles depuis La Borderie. Nous avons alors fait alliance. Dans les congrès auxquels il m'invite, j'écoute avidement les historiens, les ethnologues, les diététiciens, les économistes et les journalistes de la scène mondiale. En échange, il me demandera d'organiser le dîner de gala de la fondation, en 1994.

À San Francisco, où je ne suis pas revenue depuis huit ans, trois cents personnes sont attendues pour un dîner qui se propose de célébrer la cuisine méditerranéenne. J'avais suggéré de faire une bourride. Mon emploi du temps ne me permet d'arriver de France que la veille, et il fallait donc qu'une personne attentive et compétente surveille les approvisionnements.

Trois mois auparavant, à New York, j'avais rencontré la restauratrice Joyce Goldstein, star de la cuisine californienne. À l'issue du dîner de bienfaisance qui nous avait réunies devant les fourneaux à l'Onu, elle m'avait recommandé de ne pas hésiter à faire appel à elle, en cas de besoin. Depuis ma ferme au milieu des bois de Dordogne, je lui envoie une télécopie pour lui demander de bien vouloir me trouver six aides confirmés et de veiller sur la qualité du marché. Quelques heures plus tard, je reçois un simple « OK, No problem. Bisous. Joyce. » De fait, ma liste d'ingrédients sera scrupuleusement respectée et je reconnaîtrai les aides en cuisine : je les connais tous depuis longtemps. Beaucoup d'entre eux sont déjà venus à La Borderie, les autres m'ont promis d'y venir sans tarder... Ce soir-là, la cuisine du Hilton de San Francisco ressemblera à une joyeuse réunion d'anciens combattants. Ils avaient tous profité de mes huit années d'absence pour devenir célèbres, si bien que je n'aurai pas à les présenter : les convives les connaissent déjà.

Et Dun Gifford, le président de la fondation, m'interrogera devant toute la salle à manger : « Comment avez-vous réussi, en n'arrivant qu'hier, à regrouper ces gens qui sont d'habitude tellement occupés ? »

La bourride à la sétoise

Le marché pour 6 à 8 personnes
2,5 kg de queues de baudroie
2 têtes de baudroie
2 beaux oignons
1 blanc de poireau assez gros (ou 2 moyens)
2 verts de blettes
2 belles carottes
6 à 10 feuilles d'oseille (selon grandeur) sans la tige
5 cm d'écorce d'orange séchée
1/4 de litre de vin blanc légèrement oxydé, type xérès sec
un peu d'huile d'olive
Aïoli pour bourride uniquement :
(cette préparation se garde et est délicieuse avec des pommes de terre vapeur)
6 œufs dont 4 jaunes et 2 entiers
1 cuil. à café de moutarde
6 grosses gousses d'ail
huile d'arachide
un peu de Tabasco
sel et poivre

- Éplucher les queues et les couper en portions (à servir).

- Éplucher et couper les têtes, réserver les joues avec les queues.

- Hacher les oignons, mais pas trop fins.

- Couper le blanc de poireau en deux dans le sens de la longueur et le détailler en tranches de 1 cm, couper les verts de blettes, l'oseille en julienne courte, enlever le cœur des carottes et les couper comme les oignons.

- Chauffer l'huile d'olive dans une cocotte, y faire un peu roussir les oignons. Ajouter les poireaux, les carottes, laisser suer un moment (sans roussir). Ajouter les blettes, l'oseille, laisser suer un moment. Ajouter le vin blanc, l'écorce d'orange, laisser évaporer à demi-quantité. Saler.

- Déposer les têtes de baudroie sur le dessus, couvrir à petite chaleur, les cuire complètement.

- Retirer les têtes : le fond est prêt et peut attendre plusieurs heures (je trouve qu'il est meilleur lorsqu'il est préparé 3 à 5 heures à l'avance).

- Préparer l'aïoli en mélangeant au mixeur les œufs, la moutarde, l'ail écrasé, l'huile et le Tabasco. Saler et poivrer.

Une demi-heure avant le service :

- Réchauffer à découvert, doucement, le fond.

- À ébullition, poser sur le dessus les morceaux de queues ainsi que les joues et les parties comestibles restant sur les têtes. Cuire doucement les morceaux à couvert (pochage) pendant 10 minutes.

- Dresser sur le pourtour d'un plat de service chaud quelques pommes de terre vapeur et des croûtons frits à l'huile d'olive (et aillés, si on le souhaite).

- Retirer délicatement les morceaux de poisson de la cocotte et réserver sur le plat chauffé, au milieu en dôme. Couvrir le plat pour garder bien chaud. Certaines baudroies rendent beaucoup d'eau, faire évaporer à gros bouillons si le fond est trop long.

- Incorporer une louche de ce fond dans la valeur d'un bol d'aïoli, jusqu'à doubler son volume.

- Verser dans le fond de sauce. La liaison doit être homogène et de consistance bien onctueuse. Remettre pour cela sur feu très très doux, si nécessaire. Attention, penser à retirer l'écorce d'orange et verser sur les morceaux en nappant aussi pommes de terre et croûtons.

* * *

Les pêches rôties à l'angélique

Le marché pour 8 personnes
8 pêches bien mûres
100 g de beurre
50 g de sucre en poudre
100 g d'angélique confite
1 petit verre de liqueur d'angélique
glace à la vanille bourbon

- Peler les pêches et les réserver dans un bol d'eau citronnée pour éviter qu'elles noircissent.

- Couper l'angélique confite en julienne.

- Faire fondre le beurre à feu doux dans une poêle. Y faire revenir les pêches, par deux ou trois, en les laissant colorer légèrement (10 minutes environ).

- Lorsqu'elles sont toutes rôties, les réunir dans la poêle, puis ajouter le sucre en pluie, et caraméliser légèrement, en les retournant dans leur jus (5 minutes environ).

- Réserver les pêches au chaud.

- Déglacer avec un petit verre de liqueur d'angélique et ajouter la julienne d'angélique.

- Dresser les pêches sur les assiettes, accompagnées d'une boule de glace. Napper avec le jus chaud. Servir immédiatement.

J'ai trouvé, et sélectionné, chez des agriculteurs de la région de Niort, dont c'est la spécialité, la meilleure angélique confite de France. M. Pluchon la cultive, et la confit sans colorant. Ombellifère extrêmement décorative, l'angélique pousse aussi très facilement au jardin. Ma mère, en saison, en faisait une « liqueur de ménage » dont elle ajoutait une cuillerée à soupe dans le pain d'épices et les merveilles.

* * *

Avoir revu toutes ces personnes me ramène plusieurs années en arrière lorsque, petite fermière du Périgord, je débarquais pour la première fois aux États-Unis. Dans l'avion du retour, je mesure le chemin parcouru depuis. J'entrevois que peut-être ce parcours, parce que si atypique ou si particulier, peut présenter un intérêt pour d'autres. Je décide alors de me rendre aux suggestions de l'éditeur rencontré quelques mois auparavant à la Librairie Gourmande à Paris. Raconter non seulement ce qu'il considère comme le morceau de bravoure de mon existence — mon séjour comme cuisinière au palais de l'Élysée —, mais aussi et surtout ce qui me tient tant à cœur : le plaisir de donner du bonheur à ma table, la joie de partager avec les amis, la passion d'échanger.

Ma famille paternelle est originaire de La Borderie. Trente-huit hectares, en Périgord, de landes, bois et quelques terres difficilement cultivées jusque dans les années 30. J'habite encore cette ferme familiale.
En 1750, un contrat de mariage donne à l'un de mes aïeux le titre de laboureur ; nous devenons ensuite cultivateurs ; maintenant, je suis appelée exploitante agricole. Ma grand-mère Julia, héritière de sa terre, a épousé Charles Mazet, natif du village voisin. Il était beau, bon cavalier et pauvre. Mon père, puis moi, avons fait quelques kilomètres de plus pour trouver nos conjoints, et mon fils aîné a choisi une charmante Bolivienne.
Par-dessus deux générations, le monde est devenu un village. Et, en quarante ans de ma propre vie, sans décoller de mes racines et avec l'aide de tous mes amis, j'ai accroché mes rêves au firmament du cybermonde.
Je suis née à Cachan, dans la Seine comme on disait alors. Mes souvenirs d'enfance ont la couleur des photographies de Robert Doisneau : l'école chez les sœurs de Saint-Vincent-de-Paul, les blouses grises d'écolières, les plumes bec-de-canard Sergent-Major, les encriers en porcelaine blanche remplis par la meilleure élève, les galopades dans les terrains vagues, les jeux de pistes dans les carrières de sable, les galoches à semelles de bois, raccommodées par mon père, les jeudis au patronage et les dimanches dans les bois de Robinson.
Venus à Paris dans les années 30 pour raison économique, mes parents gardaient les yeux fixés sur le retour à La Borderie.

Mon père était allumeur de réverbères et, dans ses moments libres, il cultivait avec ma mère des jardins. Dans ma mémoire, il passe toute l'après-midi dans son verger. Il greffe, taille et soigne ses arbres fruitiers. Il ensache les fruits les plus prometteurs pour les mettre à l'abri de ce qui pourrait les défigurer puis, une fois mûrs, les installe et les câline dans leur nid de fibre de paille, ou les rapporte à ma mère, à la cuisine.

Chez nous, on connaissait chaque variété de légumes ou de fruit par son nom : nous ne parlions pas de poires, mais de passe-crassane, par exemple. Belles de Fontenay, choux de Milan, navets des vertus, poires comices ou grand-alexandre, des noms inoubliables qui ont imprimé en moi la trame du plaisir, du réconfort et de la tendresse familiale — dont je ne manquais certes pas, étant la plus jeune d'une série de quatre enfants, et la retardataire, « le couvre-nid » comme l'on dit dans le patois de ma région. Ma grand-mère, depuis le Périgord, nous envoyait des truffes en saison, qui rejoignaient les foies gras que ma mère produisait dans une petite cabane, au creux du jardin. Mes jeudis étaient employés à garder les chèvres dans les prés qui entouraient la maison, et qui sont maintenant ensevelis sous les immeubles et les centres commerciaux de la porte d'Italie.

Je vois actuellement sur les marchés un petit champignon, proposé à la vente sous le nom de mousseron, et que nous appelions, nous, le champignon de la chèvre, car cet animal en était friand. Ce champignon, beige-marron clair, à queue fine, n'a pourtant rien de commun ni à l'aspect, ni surtout au goût, avec le délectable mousseron. À la fois élégant et trapu, de couleur blanc cassé, le vrai est le cousin chic du champignon de Paris, et il est exquis. Il pousse au printemps, et les mousseronnières se signalent par une couronne d'herbe vert foncé qui se détache sur le vert plus clair du pré. À la campagne, on ne « donne pas les places », c'est-à-dire que l'on se garde d'indiquer les endroits où il peut pousser. Si vous avez la chance d'en ramasser, je conseille de les préparer comme ma mère le faisait.

* * *

Les mousserons comme ma mère

Le marché pour 6 à 8 personnes
500 g de mousserons
sel, poivre

Ils accompagnent le rôti de veau ou la volaille, dans le jus desquels ils vont cuire.

- Après avoir enlevé la pointe des pieds terreux, nettoyer très soigneusement les mousserons des débris de feuilles ou d'herbes sèches. Ne pas les laver.

- Faire bouillir une grande casserole d'eau salée, y plonger les mousserons 30 secondes, les égoutter.

- 10 minutes avant la fin de la cuisson de la volaille ou du rôti que l'on va servir, poser les champignons dans le fond de la cocotte (tourtière), les poivrer et laisser mijoter doucement dans le jus de viande qu'ils vont parfumer et dont ils vont s'imprégner du goût.

- Servir autour de la viande.

* * *

Le rêve de mes parents de « rentrer » en Périgord est devenu une réalité pour ma mère et moi lorsque j'eus douze ans. Mon père ayant rejoint les jardins du Bon Dieu depuis déjà trois ans, nous quittâmes toutes les deux Paris pour vivre à La Borderie, chez ma grand-mère. Je pris le chemin de l'école Notre-Dame de Brive, et ma mère acheta des brouettes.
La pension Notre-Dame était tenue d'une main ferme par sa directrice, Mlle Grandin. J'ai depuis toujours une certaine difficulté à repérer les barrières, les interdits. Ainsi, quand le système de la pension devient trop étroit, je passe la porte, tout simplement. Je vais faire un tour sur les bords de la rivière, dans les rues, ou dans le jardin public, puis je repasse la porte en sens inverse, prête à recevoir la sanction qui me paraît aller de soi. Afin de tromper mon ennui et après une prestation, jugée par tous réussie, dans le rôle d'Andromaque, je me confie la tâche d'organisatrice des spectacles. Ainsi, quelques années plus tard, à la ferme, il ne m'a pas paru insurmontable de mettre en scène un projet, d'en rechercher les sponsors, d'engager des acteurs et de m'y réserver le rôle principal.

En 1967, après quelques années hors de la terre familiale, je décide d'y revenir avec mon mari pour y élever nos enfants. Ma mère, modeste et déterminée, y avait commencé, à coups de brouettes usées par le transport de pierraille, la remise en état qui s'imposait après de longues années de quasi-abandon.

Le 19 mai 1968, je mets au monde notre quatrième enfant. Période de contestation nationale, ce sera pour moi le point de départ d'une remise en question personnelle. Quatre enfants en quatre ans et demi : je ne suis pas certaine de pouvoir faire face. Nous partageons la maison de la ferme avec ma mère. Nous n'avons pas l'eau courante. La machine à laver Rosières semi-automatique, fruit d'un choix longuement exploré, est alimentée en seaux d'eau tirés du puits. Les closet sans water sont au bout du petit jardin, derrière un buisson de lilas et de clématites sauvages. Je lave les enfants, chaque soir, dans une grande bassine de plastique bleu, devant la cheminée. Le dimanche matin, je dispose les habits propres et un livre pour chacun sur quatre chaises autour de la grande cuisine. Je les rappelle des bois où ils jouent comme des fous. Savonnés, vêtus de frais, installés sur leur siège, ils lisent, jusqu'au départ pour la messe.

Pas de maison à nous, pas de projets, pas d'argent. Mon mari baisse les bras ; les miens sont trop pleins.

J'ai entendu parler d'un médecin qui habite Estivals, un hameau voisin, admirateur et ami de Jean Monnet, le grand bâtisseur de l'Europe. Il soigne une clientèle dont l'attachement est fervent, éparpillée sur neuf cantons. Il a aussi créé le syndicat d'aménagement du Causse, un groupement de communes corréziennes, dont la finalité est de préserver le produit agricole de qualité. Il travaille vingt heures par jour. Il a besoin d'une personne pour l'aider et je décide de tenter l'aventure.

Croiser son chemin sera la plus grande chance de ma vie, être admise à partager les petits déjeuners d'Estivals, un pur plaisir.

* * *

Les œufs frits à la soubressade et à la menthe fraîche

Le marché pour 2 personnes
4 œufs frais de ferme
250 g de soubressade
un petit bouquet de menthe fraîche

- Couper la soubressade en tranches de 1 cm d'épaisseur, et les faire revenir, environ 5 minutes, dans une poêle sèche, sur feu doux, en laissant colorer les deux faces.

- Casser les œufs dans une assiette creuse et les faire glisser dans la graisse chaude ; cuire au goût, et servir immédiatement, parsemés de menthe fraîche hachée très fin.

Pour ces œufs au plat cuits dans la graisse que rend la soubressade et allégés de menthe fraîche, on peut utiliser de la soubressade douce (sans piment) mais je recommande la soubressade forte, que l'on trouve en magasin conditionnée sous vide, ou sur les bons marchés.

* * *

Ma rencontre avec Louis Muzac, médecin de campagne, a déterminé la direction que je vais prendre. De famille gourmande, cuisinier de talent et gourmet de génie, il m'a montré le lien étroit entre les produits de la terre et les délicats plaisirs de l'art culinaire. Je décide rapidement de trouver ma place dans les projets de cet homme hors du commun, dont je réalise que je partage les idées. Ma mère, aussi aimante qu'intelligente, me pousse dans cette voie : j'accomplis de plus gros de ma tâche de responsable de famille nombreuse le matin, elle prend le relais durant l'après-midi, me permettant ainsi de passer de longues heures dans le ravissant village d'Estivals, en Corrèze, m'ouvrant à des perspectives dont la modernité et le bon sens me passionneront. J'occupe les rôles les plus divers, depuis celui de technicienne d'élevage, jusqu'à celui de secrétaire de mairie, assistante en cuisine ou plongeuse à l'occasion. L'idée force du Dr Muzac est que le monde rural sera sauvé par les femmes. Pour lui, la femme peut, comme l'on dit dans

le pays, « faire et défaire une maison ». Si elle laisse son mari sur le devant de la scène, la vraie maîtresse, pourtant, c'est elle. En s'appuyant sur les gestes traditionnels d'élevage et de fabrication de ces produits et sur ses qualités d'amphitryon, Louis Muzac explore et organise des circuits de financement, de communication et de commerce. Avant de déposer un dossier auprès d'instances administratives, souvent réticentes, il invite la personne dont il a repéré l'importance stratégique à participer à l'un de ces repas impromptus où il donne libre cours à ses dons de cuisinier. À l'évocation de ces dîners, certains convives de l'époque, devenus aujourd'hui les vrais décideurs, ouvrent grand des portes qui, sinon, resteraient difficiles d'accès.
Ma collaboration avec Louis Muzac est pour moi une période de découverte. Je comprends qu'accueillir les gens et leur faire la cuisine est un atout formidable, une monnaie d'échange, voire un passeport pour des mondes nouveaux. Dans ma famille, on considérait cela comme un plaisir, un prétexte à se réunir. On venait chercher ma grand-mère, paysanne corrézienne, souvent de fort loin, pour les mariages et les grandes fêtes. Ma mère, héritière du don, par curiosité et en élevant une famille gourmande, avait ajouté au style traditionnel tous les raffinements de la cuisine bourgeoise. À vingt ans, je n'avais jamais fait la cuisine, mais la réputation des Périgourdines les faisant naître dans une casserole, alors je m'y suis mise. Je découvre aussi qu'il faut que je me débarrasse de ma timidité paralysante. Rencontrer des personnages extraordinaires, vivre des situations souvent surréalistes, me

font prendre conscience que tout est possible à qui veut entreprendre. Je découvre au fil de ces expériences la chance que j'ai d'appartenir à la terre périgourdine, et je m'y enracine de manière irréversible.

Mon passage aux côtés de Louis Muzac m'a aussi servi de prétexte pour découvrir les secrets, entre autres, de la détrempe à l'occasion de la confection d'une frangipane. Je venais lui faire signer du courrier, mais nous étions le jour des Rois...

* * *

La frangipane d'Estivals

Le marché pour 6 à 8 personnes
600 g de bonne pâte feuilletée
1/2 litre de lait cru entier
4 jaunes d'œufs
50 g de sucre
50 g de farine
100 g d'amandes en poudre
1 gousse de vanille bourbon

Pour dorer la frangipane :
1 ou 2 jaunes d'œufs
1 cuil. à café de lait

• Il est préférable de faire la pâte feuilletée soi-même, la veille et de la laisser reposer au réfrigérateur, dans le bac à légumes. Elle prendra ainsi du corps. La sortir 2 heures avant de l'étaler.

• Pour la crème pâtissière, faire bouillir le lait avec la gousse de vanille.

• Dans un bol, battre le sucre et les jaunes d'œufs jusqu'au ruban. Ajouter la farine et mélanger soigneusement. Incorporer au lait bouillant et cuire sur tout petit feu, en maintenant l'ébullition et en tournant à l'aide d'une cuillère en bois pendant 5 à 6 minutes. Lorsque le mélange est encore chaud, mais hors du feu, ajouter la poudre d'amandes. Laisser refroidir.

• Étaler la moitié du pâton et découper un cercle à la dimension de la tôle utilisée (30 cm environ). Faire de même avec l'autre moitié et y dessiner un quadrillage à l'aide d'un couteau. Dorer avec un jaune d'œuf additionné du lait. Réserver.

• Déposer un premier cercle sur la tôle. Humecter les bords, à l'aide d'un pinceau, sur une bande de 2 cm environ. Répartir la crème sur la surface intérieure. Couvrir du deuxième cercle. Remettre au réfrigérateur pour 30 minutes.

• Cuire, comme tous les feuilletés, à four moyen-fort. Ne pas oublier de glisser la fève au milieu de la crème.

* * *

Porteur de projets réellement novateurs, le syndicat de communes corréziennes, créé par Louis Muzac et ses amis maires, me permet de démythifier les contraignantes réalités de l'administration départementale et les jeux du pouvoir local. Ce qui me servira grandement par la suite.

Je me souviens de la fois où, envoyée en mission de repérage d'un terrain à exproprier, en compagnie du directeur départemental des Services fiscaux, je n'ai pu résister au spectacle comique de ce digne et élégant fonctionnaire, qui, ayant atterri avec un vif élan sur le bord traîtreusement amolli d'un bourbier, se trouvait, les pieds chaussés de bottes et les mains, manchettes comprises, pris dans la boue. Je ne pouvais m'arrêter de rire, d'autant plus que l'air éploré de son secrétaire totalement inefficace, mettait le comble au burlesque de la situation.

Ce haut fonctionnaire ne m'en tiendra pas rigueur puisque, promu à Nice, il me demandera de réaliser le dîner qu'il souhaitait offrir à ses collaborateurs avant de quitter la Corrèze. À ses invités médusés, et en me recommandant à leurs bons soins, il racontera lui-même la scène dont il avait été l'acteur malchanceux, et qui avait marqué pour nous deux le début d'une bonne et franche collaboration.

Je me rappelle aussi ce jour, à Estivals, où les membres d'une importante délégation chinoise, venue visiter les fermes expérimentales du Causse, étaient passés au travers des mailles du filet de la surveillance du territoire et dînaient devant la cheminée, dans la salle à manger-salon-salle d'attente. Ils ignoraient que, le lendemain, les patients du docteur, en poste dès 10 heures du matin pour ne pas manquer leur tour, y casseraient la croûte, en tisonnant le feu qui n'aurait pas eu le temps de s'éteindre. Le lendemain, le préfet de la Corrèze cherchera à joindre les responsables de cette inqualifiable entorse au protocole et à la sécurité. Circonstances aggravantes, les membres de la délégation chinoise avaient encore échappé à la police : sous la conduite de leur hôte de la veille, ils avaient passé l'après-midi dans les bois, à caver (déterrer) les truffes.

Je me souviens aussi de cette réunion du comité où, à 23 heures, ce même préfet n'ayant pas encore réussi à recoller les morceaux d'une décision financière difficile à prendre, Louis Muzac me fit passer une ordonnance pliée en quatre : « J'ai trois bécasses prêtes à cuire, au frigo, que m'a apportées un client, hier. S'il vous plaît, voulez-vous aller à la maison, allumer un bon feu dans la grande cheminée, et mettre la table, j'amène ces messieurs dans vingt minutes ; je les cuisinerai. »

Je garde un très vif souvenir de la maestria du cuisinier, jetant un petit verre d'eau-de-vie de prune dans le feu pétillant, avant d'y faire griller les bécasses, sous les regards éblouis et rêveurs des adversaires réconciliés.

Ou de la belle superposition qu'il réussit à l'île d'Yeu, dans sa maison de vacances : une grande poêle à paella, quelques petits morceaux de beurre salé, un large turbot frais pêché entouré de demi-tomates de l'île, cinq ou six grosses poignées de moules crues, un peu plus de beurre salé, un ou deux verres de muscadet, et trente minutes sur une bonne braise. Ah ! les moules s'ouvrant sous l'action de la chaleur au-dessus du turbot ! Le frère du cuisinier, haut magistrat à Paris, lui aussi en vacances, arriva alors pour partager cette merveille avec un dessert de sa fabrication : des figues blanches fraîches, légèrement caramélisées piquées de zestes de citrons confits.

Quelle famille ! J'étais assurément entrée dans la cuisine par le chemin du rêve.

* * *

Le homard Docteur Muzac

Le marché pour 6 personnes
1 homard de 800 g par personne
250 g d'échalotes grises
500 g de crème fleurette
sel et poivre du moulin

- Assaisonner et faire chauffer, sur feu doux, 350 g de crème avec les échalotes finement hachées. Éteindre avant ébullition.

- Couper en deux, dans le sens de la longueur, les homards vivants et les dresser sur une plaque à four épaisse.

- Napper légèrement l'intérieur du homard avec la moitié de la préparation à la crème, en veillant à ne pas déborder sur la plaque, et mettre à cuire 5 minutes, dans un four très chaud.

- Renouveler l'opération avec le reste de la préparation, et remettre à cuire 5 minutes.

- En travaillant rapidement, réserver les homards au chaud, déglacer la plaque de cuisson avec le reste de la crème nature, mettre en saucière et servir immédiatement.

* * *

Ma mère participait largement à la vie économique de notre famille. Sa détermination et son courage lui faisant considérer son manque de moyens financiers comme accessoire, elle avait réfléchi et conçu le tracé de son jardin à l'est du corps de ferme, et n'avait confié à personne le soin de le réaliser. Or, cette partie proche de la maison laissait affleurer le rocher sur lequel toutes les constructions de la région reposent. À l'aide d'une brouette, elle a donc charrié de la terre depuis les combes proches, l'a enrichie avec les litières de ses lapins. Puis, par le train, elle a rapporté, posés à côté de sa valise, les plus beaux sujets du jardin parisien qu'elle avait créé avec mon père, approvisionnant ainsi la maison en légumes et en fruits.

Depuis le temps de mon grand-père, un figuier, un tilleul, un laurier et un pied de sauge avaient résisté à l'envahissement des ronces. Dégagés, ils abritaient des petits bancs qui permettaient à ma mère de regarder et de jouir des perspectives de son jardin, sous différents angles. En rentrant de l'école, les enfants allaient l'y retrouver, pour admirer et espérer le mûrissement des fraises, des framboises et des groseilles à maquereaux. La permission de goûter enfin accordée, ils dégustaient lentement ces gourmandises qu'elle leur proposait avec la tendresse spéciale qu'elle leur réservait. Il m'arrive de voir mes deux filles, l'une cuisinière passionnée de mosaïque, et l'autre jardinière passionnée de botanique, se régaler de framboises roulées dans une feuille d'oseille et, tout en dégustant ces saveurs acides, évoquer la douceur de ces souvenirs de leur enfance.

Savourer la lenteur des plaisirs faisait partie naturelle de leur éducation. Leur grand-mère leur avait raconté que, enfant au début du siècle, elle recevait dans ses sabots une belle orange pour Noël. Elle leur avait expliqué que, le premier jour, elle en humait l'étrange parfum, la regardait, la caressait et imaginait l'arbre qui la portait. Puis venait le moment où, grattant doucement la peau avec l'ongle, l'odeur en devenait plus aiguë et plus suave. Enfin elle la pelait délicatement, la gardait sous son oreiller, et en mangeait une « derne » chaque soir.

En 1973, la vie quotidienne dans une ferme en Périgord, avec quatre jeunes enfants, était assez dure. Les échos du fameux boom économique de ces années-là nous parvenaient à travers l'écran de mes occupations professionnelles au côté du Dr Muzac. La maison d'habitation de la ferme familiale était exiguë, et je désirais passionnément un grand espace que je puisse occuper à ma guise. J'avais des rêves de jardin, de cheminées, de tapis, d'enfants, de chiens et de chats heureux, mais nous n'avions pas d'argent. Mon mari rapportait le salaire minimum et les fantaisies les plus simples ne nous étaient pas autorisées.
J'étais consciente de la richesse culturelle du milieu dans lequel je vivais, mais aussi que ce milieu semblait se suffire à lui-même et, en quelque sorte, s'endormait sur ses lauriers. Cet immobilisme et cet isolement me freinaient et me gênaient, et j'y voyais l'explication de cet exode rural auquel je n'avais absolument pas l'intention de participer. L'idée d'un élevage apparut un jour. Un élevage, pourquoi pas ? Je n'avais aucune qualification, mais il suffisait de s'y mettre. Mais un élevage de quoi ? Des poulets ou des lapins pour le compte d'un tiers ? Non merci ! Je ne voulais pas remplacer nos soucis financiers par un travail sans intérêt de salariés exploités. Je voulais un élevage qui donne un produit d'une si grande qualité qu'il porterait la marque de l'effort qu'il faut accomplir. Du foie gras ! Oui, un élevage d'oies.
Cet élevage est, à l'époque, tombé en désuétude : conséquence directe de l'émancipation de la femme en milieu

rural, la production a chuté jusqu'à pratiquement disparaître. En effet, le gavage demandant doigté, savoir-faire et patience, il est l'apanage de la femme la plus âgée du groupe familial : elle a le geste éprouvé par les années de pratique, elle est en pleine possession du savoir-faire hérité de ses mères, et elle dispose du temps de patience qui lui est rendu, car elle a transmis à plus jeune qu'elle les charges de la maison.

Or, les « mémés » des fermes ont abandonné la production de la vingtaine d'oies qui assuraient l'équilibre des petites dépenses domestiques, sans doute parce qu'elles préféraient aller aux Baléares, avec le club du troisième âge.

La jeune femme de la campagne, elle, cherche ses marques. Le choix est difficile entre la vie en commun avec les anciens et la maison neuve au bord du pré. L'étroitesse de la marge financière obscurcit l'avenir et interdit souvent tout projet.

C'est dans le cabinet du Dr Muzac, au sein du syndicat d'aménagement du Causse, que se fera la synthèse de la tradition et de la modernité. Médecin et confident de trois, parfois quatre générations de femmes, il a compris qu'il était temps de ramener fraternellement à la raison les unes et d'encourager paternellement les audacieuses. Ses conseils conduiront les femmes à réaliser que, s'il est nécessaire et bon de rester fidèle aux traditions et de continuer à préparer la soupe, il n'est pas interdit de rêver. Puis il construira les dossiers de création d'associations de produits de qualité et organisera les voyages d'étude vers les stations Inra. Les femmes les plus dynamiques suivront. Sous son impulsion, des expériences pionnières indiscutablement réussies se mettront en place lors des années suivantes, entre 1968 et 1975. Nous en ferons partie.

Née citadine, je n'ai jamais regardé une oie de près. Mais je sais que, convenablement gavées, elles donnent des foies gras et au bout de la chaîne ces merveilleux pâtés, dont les femmes de ma famille gardent jalousement les recettes. Ces pâtés, nous en faisons chaque année, afin de reconstituer des réserves dont l'affinement se gère d'une façon traditionnelle, comme sans y penser. Lorsque l'on arrive à l'heure du goûter dans une des fermes de la parentèle, c'est souvent avec le léger espoir que peut-être on ouvrira un pâté de foie gras maison pour nous souhaiter la bienvenue. Après l'échange de baisers et de présents, on passe aux choses sérieuses. On étale le pâté onctueux et fondant, âgé de deux ans au moins, sur du pain de campagne. La truffe, le foie gras, la graisse dorée mêlent leurs arômes avec celui, légèrement acide, du levain ! Les pâtés de ma tante Michou, sœur de ma mère, sont parmi les plus exquises délicatesses que je connaisse. Ils laissent à tous ceux qui ont eu le privilège d'y goûter un souvenir enchanteur. Mon fils aîné m'a un jour confié que, jeune garçon, au début de ses années de pension, il calmait ses moments de nostalgie en se remémorant la liste et le goût des plats qui étaient servis lors des repas de cousins chez tante Michou, grand cordon-bleu.

* * *

Le pasti aux pommes de tante Michou

Le marché pour 6 à 8 personnes
300 g de farine
150 g de panne de porc passée au mixeur
1 kg de pommes acidulées, genre reinette
4 à 5 pralines

- Faire une pâte feuilletée en utilisant la panne de porc à la place du beurre.

- Avec 500 g de pommes, faire une compote sans sucre. Laisser refroidir. Découper les pommes restantes en tranches fines.

- Étaler la pâte et la découper pour une tôle ronde de 30 cm. Réserver quelques bandes pour le quadrillage final.

- Étaler la compote en couche fine de 1/2 cm environ, puis les tranches de pommes en rosace. Composer un quadrillé sur la surface de la tarte avec les bandes de pâte feuilletée.

- Émietter les pralines sur le dessus et mettre à cuire (environ 35 minutes) à four chaud, jusqu'à obtenir une coloration dorée uniforme.

* * *

Réapprendre en détail recettes et méthodes traditionnelles de préparation, m'amène à penser que cela pourrait aussi intéresser d'autres citadins coupés de leurs racines. Je tiens là mon idée : j'ai besoin d'une maison d'habitation et, par manque de moyens financiers, je ne peux en envisager la construction. Mais j'ai à offrir des connaissances culinaires, que je vais réactualiser. Alors, je fonce. Le projet est de recevoir chez moi, dans la grange que nous allons aménager en maison, dotée d'un grand confort campagne, des gens qui viendront faire leurs pâtés de foie gras et leurs confits.

Le directeur de l'agence du Crédit agricole lève les bras au ciel. Comment prêter la totalité de l'investissement, pour réaliser un projet auquel personne n'a jamais pensé ?

Le directeur départemental du tourisme de la Dordogne me conseille aimablement de rester « dans la normalité ». De toute façon, on n'a jamais fait venir des touristes à la campagne, en hiver.

Fin de la première partie.

Je me souviens alors d'avoir lié conversation, quelques mois auparavant, lors d'une réunion de travail, avec l'un des invités du préfet. Pierre Amalou vient d'être élu homme de l'année par le journal *L'Express*. Il est l'un des sept dirigeants du Crédit agricole. Il m'intimide.

Nous sommes en mai. Je lui téléphone et lui demande un rendez-vous pour lui parler de mon projet. Il me l'accord aussitôt pour le… 31 octobre suivant, à Paris, à 7 h 30. Il est désolé de ne pouvoir plus tôt, il part en voyage.

Le 31 octobre, jour de mon anniversaire : le signe est suffisant, ça va marcher. Je commande immédiatement à l'architecte une étude d'aménagement de la grange en maison d'hôtes. Je n'ai pas plus d'argent qu'auparavant, mon mari est toujours réticent, mais je sens que c'est gagné. Nous n'avons plus de temps à perdre.

Je rencontrerai Pierre Amalou, sans autre confirmation, au jour dit et à l'heure précise rue François-Bonvin. Il décommandera ses autres rendez-vous de la matinée. Je quitterai ses bureaux réconfortée et très déterminée, les idées bien organisées, armée de conseils précieux, et assurée d'une promesse d'aide auprès des médias, dont il est l'un des chouchous.

Pierre et Andrée Amalou viendront à La Borderie un mois après pour la répétition générale, logés dans une partie de la maison laissée intacte par les ouvriers. Le chèque, reçu en paiement des conserves qu'ils avaient emportées, débloquera les réticences du Crédit agricole local, et il me permet un savoureux dialogue téléphonique avec le directeur de l'agence.

« Je viens de voir passer un chèque de M. Amalou, sur votre compte. Connaissez-vous ce monsieur ?

— Il a passé, avec son épouse, le week-end à la maison.

— Où en êtes-vous de ce projet dont vous m'aviez parlé il y a quelques mois ?

— Justement, ils sont venus pour tester l'idée.

– Avez-vous trouvé une solution financière pour les investissements ?
– Non, mais maintenant je sais que l'idée est bonne. D'ailleurs les travaux ont déjà commencé.
– Venez me voir demain matin, avec votre mari. Un projet soutenu par Pierre Amalou est un projet qui gagne. »
Le dossier sera bâti en une semaine, par le directeur lui-même, et immédiatement opérationnel.
Le projet ne fera l'objet d'aucune subvention : il ne cadre avec aucune des aides accordées aux jeunes agriculteurs en état d'asphyxie. L'autorisation d'installation en tant qu'agriculteur soulèvera des difficultés analogues. La direction départementale nous proposera de changer le nom de notre élevage d'oies et de l'intituler élevage de brebis. « Ce qui se faisait habituellement » risquait d'être plus facilement accepté. Cette suggestion partait d'un bon sentiment, car elle visait à nous faire gagner du temps, mais elle n'avait aucun sens. Je tins bon, posai clairement la question, et obtins une dérogation du ministère de l'Agriculture.
Nous serons les premiers jeunes agriculteurs à réussir une installation en dehors de tous les critères convenus. Nous respecterons tous nos engagements envers les services financiers concernés. Ces deux dossiers, technique et financier, serviront par la suite de modèles à d'autres personnes du monde agricole.

La tourte au foie gras

Le marché pour 6 à 8 perso.nnes
600 g de pâte feuilletée
500 g de foie gras de canard
1 jaune d'œuf sel, poivre
Pour la sauce aux câpres :
2 petites échalotes grises
4 dl de fond de viande ou de volaille
3 cuil. à soupe de câpres
beurre ou graisse d'oie
sel, poivre

- Utiliser une vraie bonne pâte feuilletée, épaisse d'environ 1 cm.

- Chauffer le four à 220°.

- Découper deux abaisses dont le diamètre occupera complètement la tôle à four. Garnir la tôle d'une abaisse et poser la seconde exactement pardessus.

- Avec la pointe d'un couteau bien aiguisé, enfoncée de 4 à 5 mm dans l'épaisseur de la seconde abaisse, tracer un cercle à 5 cm du bord de la tôle. Décorer ce cercle de lignes croisées, toujours à la pointe du couteau, mais la main un peu plus légère, pour ne pas aller très profond.

- Dorer le dessus au jaune d'œuf, d'un pinceau léger. Remettre au froid 30 minutes.

- Enfourner à four très chaud, surveiller la cuisson par la vitre, sans ouvrir. Compter environ 20 à 25 minutes. Attendre une bonne coloration caramel moyen (le choc thermique doit démarrer le gonflement de la tourte, elle peut monter de 10 cm, elle doit monter d'au moins 5 cm).

- Dès la sortie du four, retirer, avec un couteau rond ou une spatule fine, la calotte de pâte qui a été prédécoupée. La réserver soigneusement sans la briser. Enlever doucement, sans percer ou abîmer la tourte, les couches de pâte moins cuites de l'intérieur.

À ce moment de la préparation, la tourte encore tiède peut être congelée pour une utilisation ultérieure. Séparer alors, par un morceau de film plastique, la calotte, puis la reposer à sa place sur la tourte. Congeler sur un plateau. Une fois congelée, envelopper avec soin la tourte dans le film plastique. Elle attendra dans le congélateur.

Pour la servir :

- Découper le foie de canard en tranches de 1,5 cm.

Le poêler vivement des deux côtés, dans une poêle bien chaude, sans matière grasse. Réserver au chaud sur papier absorbant.

- Pendant ce temps, faire chauffer la tourte à bon four sans la faire brûler (la tourte sera sortie du congélateur 2 heures auparavant), et la mettre sur un plat de service.

- Garnir la tourte des tranches de foie gras, saler, poivrer au goût (le foie gras demande un bon assaisonnement pour ne pas paraître fade). Arroser d'une bonne cuillerée de sauce aux câpres. Le reste sera servi en saucière.

- Remettre le couvercle. Garder au chaud dans le four, le temps de dresser les assiettes chaudes sur la table.

Voici ma recette, simple, de sauce aux câpres :

- Faire revenir très doucement dans un peu de graisse d'oie ou de beurre les échalotes finement hachées.

- Mouiller avec le fond de viande ou de volaille (que j'ai toujours à disposition dans mon congélateur, sous la forme de petits cubes faits dans des bacs à glaçons).

- Réduire très peu, saler, poivrer, ajouter les câpres, reconduire la cuisson pour 1 ou 2 minutes et servir.

* * *

En septembre de l'année 1974, nous inaugurons à La Borderie le premier « week-end foie gras », premier d'une longue série qui se poursuivra en hiver pendant dix saisons. Sur appel de Pierre Amalou, toute la presse, ou presque, répondra.

Nous avons même la surprise d'entendre, alors que nous sommes en famille en train de faire des pâtés dans l'atelier, un journaliste de France Inter raconter longuement le passionnant week-end foie gras qu'il a passé chez nous, la semaine précédente. Nous n'avons pas l'honneur de connaître ce monsieur, et sommes un peu étonnés de la façon dont travaillent certains journalistes…

Dès le début, nous affichons complet. Le succès de cette expérience, la première de ce style en milieu rural, lancera en France la vogue des fins de semaine à thème à la campagne.

Pour nous, les Delpeuch, les conséquences seront multiples. Nous gagnerons de nombreux amis et nous pourrons désormais envisager de payer nos factures sans trop de cauchemars. Nos enfants, rapprochés de leur grand-mère, pour eux toute disponible, choisiront depuis la loggia dominant le théâtre de la table d'hôte, leur degré de participation à cette aventure. En ce qui me concerne, la chaleureuse curiosité de mes invités m'ouvrira les portes du monde. Leur gourmandise soutiendra mes recherches culinaires.

Chaque week-end, d'octobre à mars, nous mettons cinq chambres doubles à la disposition de nos hôtes. Les trois jours d'initiation à la cuisine de l'oie rassemblent tout le monde, à plusieurs reprises, autour de la grande cheminée centrale. Marchés et producteurs locaux nous donnent l'occasion de brèves échappées. Mais la grande affaire reste le foie gras. Il est expliqué, cuisiné et enfin célébré au cours d'un grand dîner de gala, le samedi soir.

Le vendredi, nous accueillons nos hôtes dans une maison brillant de tous ses feux. Lorsqu'ils me téléphonent pour convenir d'une date, je m'amuse souvent à essayer de deviner leur personnalité. La surprise causée à leur arrivée est toujours passionnante. Le premier repas, au menu immuable — rillettes, confit, pommes de terre sarladaises — donne le ton. Me laissant l'esprit libre, il me permet de faire l'analyse du groupe.

Mon objectif est de rendre nos hôtes heureux en leur offrant, à ma manière, ce qu'ils sont venus chercher. Je suis pour cela sur le meilleur terrain : le mien. Et j'ai un merveilleux allié : le foie gras.

Deux ou trois fois par an depuis la fin de cette aventure, il m'arrive de voir une voiture s'arrêter, une personne descendre et venir vers moi avec un sourire hésitant, et me demander : « Vous souvenez-vous de nous ? Nous sommes venus en week-end il y a dix-huit ans !... ou quinze ans. » Il n'est pas rare qu'instantanément le nom de cette personne me revienne avec quelques détails saugrenus, comme la couleur de ses lunettes de l'époque, sa coiffure, le nombre ou les prénoms de ses enfants. Les années passent et je garde au cœur une profonde reconnaissance pour tout ce que ces gens m'ont apporté.

Le dîner aux chandelles du samedi soir est toujours très animé. C'est un grand dîner en tenue de soirée, où tout le monde se congratule sur ses talents. Chacun s'apprête à repartir dès le lendemain vers sa vraie vie, en remportant un stock de connaissances, d'histoires cocasses et de conserves préparées de ses mains. Bien souvent, des amitiés se sont nouées au cours du week-end. Et nous, nous sommes devenus les « cousins périgourdins ». Ce dîner est aussi l'occasion de partager des plats un peu exceptionnels.

* * *

Les ris de veau en sauce aux truffes

Le marché pour 6 à 8 personnes
2 beaux ris de veau
1/2 litre de bon bouillon
1/2 litre de bon vin blanc sec
1 oignon
3 gousses d'ail
200 g de beurre doux
50 g de farine
100 g de truffes (fraîches si possible)
sel, poivre du moulin, noix muscade

- Porter à ébullition, dans la même casserole, l'eau et le vin blanc.

- Laver les ris à l'eau fraîche, et les faire cuire dans le bouillon jusqu'à ce qu'ils soient tendres (environ 35 minutes).

- Les égoutter et, en les débarrassant de leur peau blanchâtre, les émincer en tranches de 1 cm d'épaisseur environ.

- Dans une poêle chaude, les faire revenir au beurre et colorer sur leurs deux faces. Assaisonner, riche en poivre, léger en sel et muscade. Réserver.

- Faire revenir l'oignon émincé et l'ail écrasé jusqu'à bonne coloration (surtout ne pas brûler). Faire un roux en utilisant le bouillon de cuisson des ris. Laisser cuire 30 minutes au moins, en dépouillant la sauce.

- Couper les truffes en lamelles pas trop fines, de 2 mm environ et les faire brièvement revenir au beurre (30 à 50 secondes, pas plus). Les ajouter à la sauce, ne pas laisser cuire. Au dernier moment, verser sur les ris bien chauds, et servir sans tarder.

* * *

Entre le début des travaux et celui des week-ends foie gras, l'activité fut intense. En huit mois, la grange qui abritait la vache Fleurette, des brebis et des oies au gavage, est devenue une plaisante habitation.
Un Sarde à la belle voix de baryton, et au registre étendu, a taillé une à une les pierres des pans de la grande cheminée. Pour les couronner, le conducteur des travaux, attendri par mon enthousiasme, m'a donné deux magnifiques poutres provenant de la démolition d'une pièce

du collège des Cordeliers de Brive, datant du XIVe siècle. Monsieur le maire n'en avait pas l'usage, moi, le moyen âge, j'aime beaucoup. Les longues années de rêves se concrétisent. Nous avons une maison.

Peu de choses à y mettre. Pas assez d'argent pour terminer les carrelages et faire les peintures, mais les plâtres tout neufs donneront longtemps l'illusion d'un enduit blanc, parfaitement harmonieux avec les volumes de la maison et les poutres venant de nos bois.

La nuit précédant le vendredi d'ouverture, ma sœur Lisou et moi, sans perdre une minute à dormir, avons préparé les trois chambres réservées, sur les cinq qui seront mises à disposition aussitôt que possible. Après avoir gratté les taches de plâtre sur les vitres, lavé, décapé, aspiré, posé le tapis de sol, il fallut monter les bois de lits, transporter les sommiers et les matelas. Faire les lits entre 8 et 9 heures et brancher les lampes de chevet fut simple. Nous étions exténués mais prêts.

Six personnes inscrites, et payantes, nous sommes très émus. Tôt le matin, le téléphone sonne. Pierre Amalou nous annonce deux couples supplémentaires, dont deux journalistes de *Paris-Match*. Je réponds que ce n'est pas possible, car nous avons entassé dans les deux pièces non aménagées tout ce qui nous embarrasse. Et d'ailleurs, il ne reste que trois heures, le repas de midi n'est pas fait, je n'ai plus ni draps, ni couvertures, ni argent. Tout en parlant au téléphone, je vois deux personnes traverser la cour : les premiers clients... en avance de trois bonnes heures !

La réponse de Pierre à toutes mes tergiversations est lapidaire : « Ils sont dans le train, ils vont louer une voiture, débrouille-toi. »

Nos premiers hôtes, un charcutier-traiteur de Roubaix et son épouse, réalisent rapidement qu'ils « dérangent ». Avec tact, ils resteront dans leur chambre jusqu'au repas de midi. Ma mère se met aux fourneaux et moi je cours partout, en affichant un calme serein. Ma sœur rentre du marché de Terrasson avec les couvertures et les draps qui nous manquent. Elle les a achetés pour nous en réclame « au cul du camion » : ils sont encore en usage à la maison, après plusieurs années de bons et loyaux services. Le carnet de réservation se remplissant à toute allure, elle sera vite remboursée !

Le premier séjour s'est relativement bien passé, il fut même plaisant, et nous servit à repérer la place idoine de chaque chose. Notre aventure passionnait, et suscitait beaucoup de discussions. La vue, à travers la grande baie vitrée, de ma sœur traversant la cour les bras chargés d'objets divers, dans un sens, puis dans l'autre sens, avec le mobilier des deux chambres à aménager, m'amena à raconter nos tribulations nocturnes, ce qui servit de base à l'article paru peu après dans *Paris-Match*.

Dans le cas de déménagement, ou de période d'activité intense, je recommande absolument une alliance qui fait partie des plats réconfortants : une mique et son petit salé.

La mique et son petit salé

Le marché pour 6 à 8 personnes
1 kg de farine
5 œufs
50 g de beurre
40 g de levure de boulanger
1 cuil. à soupe d'huile
sel et poivre
un peu de lait tiède
1 palette salée ou 1 kg de plat de côte salé
Les légumes du bouillon (carottes, raves ou navets, poireaux, céleri, oignons)

- Faire un levain avec la levure et 100 g de farine délayée avec un peu de lait tiède. Laisser reposer et doubler de volume, environ 1 heure.

- Dans un grand plat creux, mettre le levain, la farine, creuser une fontaine et ajouter les œufs, le beurre fondu, l'huile, le sel et le poivre. Mélanger et ajouter, si nécessaire, un peu de lait pour obtenir une boule de pâte souple, qui se décolle des bords du plat. Fariner, couvrir avec un linge et laisser « pousser » pendant 2 bonnes heures à température ambiante.

- Mettre à cuire le petit salé dans le bouillon de légumes frémissant. Presque aussitôt, y mettre la boule de pâte qui doit cuire 30 à 35 minutes de chaque côté. La retourner à mi-cuisson.

- Servir la mique découpée en tranches avec le petit salé et les légumes.

Je me souviens avoir invité un bon ami gastronome pour une de mes premières miques. Le petit salé était déjà presque prêt dans son bouillon lorsque j'avais ajouté la boule de pâte (qui demande donc 1 bonne heure de cuisson). Au moment de servir, le petit salé, complètement détrempé, n'avait plus de goût. Je ne m'en suis aperçue que lorsque cet ami, grand seigneur, m'a dit : « On voit bien que ce n'est pas un petit salé de votre fabrication, il n'a aucun goût... » Il y a de cela plus de vingt ans, mais j'ai retenu la leçon et depuis je surveille attentivement le déroulement.

* * *

Sylvain Floirat est une grande figure du Périgord. Depuis l'adolescent réparateur de cycles chez un oncle charron, jusqu'à la consécration internationale du capitaine d'industrie, l'histoire locale se glorifie du destin de ce personnage hors du commun. Il organisait et subventionnait chaque année un grand concours, en forme de mécénat. C'était un honneur, pour un jeune rural, d'être remarqué pour son esprit d'entreprise, et de rencontrer des personnages influents du monde des affaires, à l'occasion de la remise de la distinction, et du chèque qui l'accompagnait, sur la scène du Grand Théâtre de Périgueux.

Une visite, juste avant nos premiers pas, n'avait pas convaincu la commission d'attribution des prix. Trop hardie, l'aventure n'inspirait pas confiance quant à sa longévité. Au pied du mur, nous avions terriblement besoin de cet encouragement, mais ma passion semblait suspecte. L'année suivante, la même commission ne pourra pas ignorer cette réalisation devenue phare du tourisme rural national. L'aide sera la bienvenue, bien qu'elle soit l'illustration qu'on ne prête qu'aux riches — que nous n'étions pas encore devenus, d'ailleurs !

Sylvain Floirat sera associé à un autre encouragement que je recevrai quelques années plus tard. En 1980, le téléphone sonne alors que je suis en train de faire des beignets de fleurs d'acacia. Il s'en brûlera toute une tournée pendant que le préfet de la Dordogne m'annonce que, sur sa proposition, j'ai été acceptée dans l'ordre du Mérite agricole au grade de chevalier. Cet administrateur efficace, au charme ravageur, versifiait de belle façon pendant ses moments libres. Nous avions eu, au cours d'un dîner, une merveilleuse et subtile conversation sur l'écriture, qui m'avait ouvert une porte sur le rêve de cet art.

Les pommiers sont déjà en pommes dans un jardin au meilleur de ses couleurs. La maison est magnifique sous le soleil. La famille, et tous ceux qui m'ont soutenue sous des formes diverses, ont répondu à l'invitation. Mes amis ont demandé à Sylvain Floirat de me remettre la médaille à La Borderie. Ils se sentiront tous honorés par le discours qu'il prononcera, avec l'accent périgourdin rendu encore plus perceptible par l'émotion.

« Madame, au nom de monsieur le ministre de l'Agriculture, j'ai l'honneur de vous remettre cette médaille, et de vous nommer chevalier dans l'ordre du Mérite agricole, et je suis particulièrement heureux de le faire, car cette décoration vous est donnée au titre de la réalisation de votre projet de tourisme en milieu rural, dont nous pouvons vérifier qu'il est d'une grande qualité novatrice, et que vous avez pu le réaliser avec les encouragements de vos amis ici présents. »

Au cours de la nuit précédant ce grand jour, il m'apparaît que cette distinction se doit de revenir à sa destinataire. C'est ma mère qui a commencé, défriché, sorti de terre le rêve. Moi je l'ai seulement mis en scène.

Sylvain Floirat m'avait précisé qu'une fois remise entre mes mains, je pouvais disposer de la médaille, à ma guise. À la surprise générale, je me lance, très émue, dans une improvisation, où je fais remarquer à tous ce que l'énergie de ma mère a fait de La Borderie avec, comme point de départ, le tilleul, le figuier, le laurier et le pied de sauge de mes grands-parents.

Et j'ai le grand honneur d'épingler la belle médaille verte et blanche sur son châle gris. Tout le monde pleure, y compris le facteur et son épouse. C'est grandiose ! Il en reste une très jolie photo, où le « poireau » voisine plaisamment avec une reprise finement exécutée ton sur ton. Ma mère n'était pas seulement une jardinière inspirée, elle brodait également très bien.

Le lendemain matin, je la retrouverai pensive, dans son jardin. « Tu vois, c'est vrai, me dit-elle, j'ai fait tout cela, mais je ne m'en suis pas rendu compte. Et puis, tu vois aussi, la vie est belle si on la respecte. »

* * *

Les beignets de fleurs d'acacia

Le marché
125 g de farine
1 cuil. à soupe d'eau-de-vie ou de rhum
1 jaune d'œuf et 2 blancs
sel, sucre fin

Il faut des grappes de fleurs non plus en boutons mais juste ouvertes. Lorsqu'on habite la campagne, c'est facile, on les cueille le matin, avant que le soleil soit trop haut. En ville, c'est différent ! Mais lors des week-ends de printemps, où le premier petit vert des arbres invite à la promenade, il faut rapporter quelques fleurs d'acacia, et les beignets seront le régal du goûter.

- Faire une pâte à beignets légère en mélangeant la farine à quelques cuillerées à soupe d'eau, la cuillerée du parfum choisi, du sel, un jaune d'œuf. En faire une crème qui doit reposer au moins 1 heure.

- Au moment de l'utiliser, monter deux blancs d'œufs en neige ferme.

- Les mêler doucement, toujours en partant du centre, à la pâte ; elle deviendra onctueuse et légère.

- Tremper une à une les grappes de fleurs dans la pâte pour les enrober.

- Les plonger dans l'huile bien chaude, en quantité suffisante pour qu'elles baignent ; les laisser dorer.

- Les égoutter sur un linge. Servir en les saupoudrant de sucre fin.

Je garde la vanille, que des amis me rapportent de leurs voyages, dans un grand bocal hermétique rempli de sucre roux. Ce sucre parfumé est délicieux avec certains desserts et en particulier avec les beignets de fleurs d'acacia.

* * *

En décembre 1995, le téléphone sonne. Instantanément, je reconnais Bernadette. Ce ton de voix et cet accent lui appartiennent en propre. Elle est l'une de nos « clientes-cousines » dont j'ai eu le plaisir de faire la connaissance au cours d'un week-end foie gras. Nous ne nous sommes ni vues ni parlé depuis une bonne dizaine d'années. Nous bavardons. Elle souhaite revenir à La Borderie, mais j'ai cessé de recevoir chez moi. Me rappelant qu'elle m'avait envoyé un poème à l'issue d'un séjour de cuisine, et pensant que personne mieux qu'un invité ne saurait raconter ces moments, je lui demande d'écrire ses souvenirs d'un week-end. Elle accepte aussitôt. Et, quelque temps plus tard, je reçois ce récit qu'il faut lire avec l'accent de Nîmes.

« J'avais lu un petit article dans mon journal local proposant un stage de cuisine d'une semaine, à Urval, au château de La Poujade, et m'y étais inscrite avec une amie.
Stage n'est pas le mot pour qualifier cette semaine, mais plutôt rencontre, connaissance, communication et même célébration, car nous y avons connu Danièle, une femme très déterminée, ayant un don pour avancer et entreprendre, qui m'a tout de suite séduite.
Entreprendre, c'est-à-dire oser, chercher à savoir, connaître pour transmettre, aller de l'avant toujours et encore. Elle est une créatrice capable d'entraîner derrière elle tous ceux qui l'entourent. Et elle a su m'entraîner, pour le moins, à savoir faire une cuisine certes simple, mais combien savoureuse.
J'ai appris avec elle un goût de terroir.
J'ai appris aussi que, dans sa ferme familiale de La Borderie, elle organisait des week-ends foie gras.
Et c'est ainsi que, quelques mois plus tard, un vendredi à midi, nous arrivons à La Borderie, à une dizaine de joyeux lurons. Je retrouve Danièle ; mes amis, eux, la

découvrent, et, ensemble, nous prenons possession de la ferme qu'elle sait si bien nous offrir.

Ferme qu'elle a rénovée d'une façon très chaleureuse et accueillante. Grand séjour avec cheminée centrale qui ne s'éteint jamais, petit salon derrière la cheminée. Les chambres à l'étage sont modestes mais confortables ; une mezzanine, lieu de rendez-vous pour la lecture, la musique et la télévision. Nous nous sentons immédiatement chez nous.

Le premier repas est simple mais savoureux.

Dans la cour de la ferme, une pièce spéciale a été aménagée pour le travail de l'oie. La graisse d'oie ne supportant pas la chaleur, ce laboratoire, car c'en est un, n'est pas chauffé. Équipés de gros pulls et de tabliers de cuisine, nous voilà prêts. Nous entrons dans ce lieu saint et nous installons autour d'une longue table. Devant chacun de nous, est déposée une oie. Notre oie. Tuée et plumée à notre arrivée, elle nous attend. Et Danièle va nous guider et nous apprendre. Avec d'immenses précautions, nous incisons la peau du ventre de l'oie, ventre tendu et tout rond de son foie. Ce premier geste est un peu comparable à un accouchement.

En écartant légèrement les côtes, et en passant les deux mains sous la peau, le foie est extrait. Merveille. Danièle surveille que ce précieux produit ne soit pas écorché par nos mains malhabiles. Et voilà tous les foies alignés sur des plateaux. Ils seront travaillés et confits plus tard. Nous apprenons à reconnaître la qualité des foies. Plus ou moins rosés, parfois blanchâtres. Sous la pression légère des pouces, leur souplesse et leur teneur en graisse est jugée. Ensuite, nous découpons ailes, cuisses et filets pour les confits.

Tout s'utilise dans une oie, sauf la tête. Les parties nobles vont cuire dans une bassine de graisse d'oie chauffée sur une rampe à gaz. La cuisson achevée, les morceaux seront mis en réserve pour ensuite être recouverts de graisse, rangés dans des boîtes, serties, stérilisées et étiquetées.

Le cou est tranché au ras du corps. On en enlève la peau, qui se retourne comme un gant et que l'on farcira par la suite, avec foie d'oie et chair de porc. Après avoir désossé l'oie, nous avons d'un côté la carcasse et de l'autre, l'ensemble des chairs et la peau, connu sous le nom de paletot. Les intestins, très entourés de graisse, sont dégraissés en les étirant entre pouce et index, comme des rubans. Cette graisse est mise à fondre, et nous y plongerons les paletots. Après cuisson, nous les sortons tout chauds et, toujours à la main (et on se brûle), nous écumons les moindres petits morceaux de chair qui, écharpés le plus menu possible, serviront à confectionner les rillettes, mises en boîtes, elles aussi, et serties comme les confits.

Nous n'avons pas trop d'une après-midi pour ce travail, mais Danièle sait créer une telle ambiance de gaieté et de bonne humeur, que le temps paraît court. Petit détail esthétique : il n'y a pas mains plus douces qu'après un bain de graisse d'oie.

Le soir, nous nous retrouvons tous autour de la cheminée pour un repas et une veillée animés. Au cours de la soirée, Danièle demande s'il y a des courageux pour l'accompagner le lendemain matin de bonne heure (à 6 heures) au marché de Brive.

Je suis partante. Quels endroits magnifiques que ces "marchés au gras". Paletots, cuisses, ailes, pattes, dressés en pyramides, foies, bien sûr, et souvent truffés.

L'après-midi du samedi, nous sertissons et étiquetons les boîtes, et Danièle nous propose en récompense une visite à Brive chez M. Denoix, distillateur. Très sympathique, joli garçon, celui-ci nous fait très gentiment visiter la distillerie où les alambics de cuivre diffusent des arômes qui excitent narines et papilles. Armagnac à l'orange, fenouillette, "suprême de noix" (de M. Denoix...).

Samedi soir, repas gastronomique, soirée de gala. Belle table, grand service, candélabres, mais toujours dans l'amitié et sans chichi.

Je n'ai pas encore parlé de la cuisine, que dis-je, de l'oratoire de La Borderie. Je me demande toujours comment, d'un lieu aussi exigu, Danièle a pu nous offrir les mets qu'elle nous a servis. Cela relève un peu de la magie. De plus, elle était sans cesse parmi nous, décontractée et souriante. À quel moment cuisinait-elle ? Et pourtant, je ne nommerai que miques, truites saumonées farcies à la rillette d'oie, œuf coque à la crème fraîche, foie gras et jus de truffe, macaronis à la Jeannette, daubes, garenne en royale, et j'en passe.

Lors de l'un de mes séjours à La Borderie (car j'y suis revenue plusieurs fois), un 7 février, jour de mon anniversaire, sort de la petite cuisine, au moment du dessert, un énorme gâteau rond, couvert de petites bougies allumées. Moment émouvant où j'ai mesuré l'attention et la délicatesse que Danièle portait à ses invités, devenus depuis des amis.

Dimanche matin, balade dans "son" pays. Nous partons à pied. Châteaux, Laussel, Commarque, La Roque-Gageac, bastides, Montpazier, pigeonniers, tourbières, fours à charbon de bois, et bien d'autres lieux magiques, chargés de notre histoire.

À midi, un repas simple : poulets rôtis — mais quels poulets ! — et il nous faut partir, nous séparer.

Nous emportons oie, foie gras, repas succulents, Périgord merveilleux. Mais surtout, et au-dessus de tout, Danièle, qui a été l'âme et la vie de tout ce séjour.

Nîmes, le 5 décembre 1995 »

***

Le ragoût de gésiers de Bernadette

Le marché pour 6 personnes
1 kg de noix de gésiers de volaille
2 gousses d'ail
2 cuil. à soupe de graisse de canard
1 litre de bouillon de volaille
sel et poivre

Cette recette est un héritage de Bernadette qui lui vient de sa belle-mère.

- Dans une cocotte à fond épais, faire revenir et même croustiller les noix de gésiers dans 2 cuillerées de graisse de canard, à feu vif, en remuant souvent (ne pas quitter).

- Presser à la surface les 2 gousses d'ail.

- Assaisonner avec sel et poivre et mouiller à hauteur avec le bouillon.

- Cuire à couvert à feu très doux 2 heures 30 à 3 heures.

Au moment de servir, si nécessaire, lier avec de la farine. Servir accompagné de pâtes fraîches ou de purée.

C'est simple, inattendu et toujours apprécié.

* * *

Au long de ces années, nous avons rencontré les gens les plus divers. À la fois gourmands et curieux de cette culture rurale dont nous vivions, venus pour découvrir les secrets du foie gras, ils nous ont révélé leur propre art de vivre. Ces chaleureux échanges m'ont passionnée et enrichie.

En fendant du bois à la hache, un chirurgien orthopédiste m'a expliqué que les bûches se délitent dans le sens du fil du bois, tout comme les os.

Un autre chirurgien, qui m'avait aidé à désosser des dindes pour faire des galantines, est revenu avec des scalpels, en m'assurant qu'ils me faciliteraient la tâche. Depuis, j'ai effectivement adopté cet instrument.

Un jardinier m'a aussi conseillé d'utiliser un sécateur de jardin pour découper mes volailles.

Lorsque je vois l'un de mes enfants battre les cartes avec une adresse de tenancier de tripot, je ne peux m'empêcher de me rappeler que c'est Mme Vargas, grande dame chilienne, qui le leur avait appris. En s'arrêtant chez nous, sur son chemin entre Deauville et Cannes, elle nous avait apporté les frissons de l'aventure sud-américaine.

Je ne saurais oublier non plus les secrets de jardinage et de cuisine familiale que l'on nous a confiés.

La Borderie a été un théâtre où évoluaient personnages étonnants et rencontres insolites. Un jour, deux couples, voisins de palier à Lille, se sont retrouvés, ébahis, à l'autre bout de la France, pour partager le même rêve, en Périgord. Une autre fois, un agriculteur belge retrouve fortuitement le président de la banque qui venait de lui refuser un prêt pour un élevage de pigeons. Il nous téléphona quelque temps après pour nous raconter l'histoire de son dossier traité en priorité par le grand patron, à la stupeur des directeurs récalcitrants.

Un richissime Anglais et sa très jeune épouse danoise ont appris à La Borderie les subtilités de la langue française — les comment vas tu-yau de poêle et autres toi-le à matelas — en compagnie de deux vraies Parisiennes du XXe arrondissement. Ces dames avaient économisé pour s'offrir un week-end foie gras : ce qu'elles appelaient une folie. Dans les moments libres, elles tricotaient furieusement en rigolant avec leur nouvel ami et en lui donnant le titre de milliardaire de leur vie.

Toutes ces personnes laissaient tomber, le temps d'un week-end, leur masque social, pour n'être que des gens libres de faire la cuisine chez des amis à la campagne.

En 1991, Mme Henric, une fidèle cliente, lit dans un magazine féminin, chez le coiffeur, un article sur mon aventure élyséenne. Elle revient passer un week-end à la maison avec le même groupe d'amis que plusieurs années auparavant. Ils ont apporté les photos de leur premier séjour. Nous n'avons pas changé, à l'exception d'un détail : quinze ans plus tard, nous portons tous des lunettes !

M. Henric me rappellera à cette occasion que, lors de leur premier séjour, une malencontreuse panne d'électricité avait interrompu le processus d'un gratin de queues d'écrevisses, et que lui et tous ses amis s'étaient relayés au presse-légumes pour broyer les carcasses. Je me souviendrai alors que le repas était délicieux ce soir-là, et que, pour me remercier, ce sévère industriel m'envoyait des baisers à travers la table.

Lors de sa première visite, Mme Henric m'avait demandé comment je faisais les profiteroles, les vraies ; et son sourire s'était élargi lorsque je lui avais servi les seules que je connaisse.

* * *

Les vraies profiteroles pour Mme Henric

Le marché
Pour les choux :
1/4 de litre d'eau
100 g de beurre doux
2 morceaux de sucre
125 g de farine
4 œufs
1 pincée de sel

Pour la crème de Mémée :
5 dl de lait
60 g de farine tamisée

4 œufs
175 g de sucre
1 bâton de vanille

La méthode de la confection de la pâte à choux est expliquée dans tous les livres de cuisine, mais mes proportions sont celles ci-dessus.

La crème de Mémée :

- Faire bouillir le lait avec le bâton de vanille.

- Mélanger les jaunes d'œufs et le sucre et amener au ruban, puis incorporer la farine. Verser un peu de lait chaud dans la préparation pour la détendre, et verser dans le reste de lait. À petite chaleur, porter à ébullition, en remuant constamment pendant 5 minutes.

- Verser la préparation sur les blancs d'œufs montés en neige très ferme, en soulevant la masse avec une spatule en bois.

- Mélanger intimement de façon à ce que la crème chaude cuise les blancs, mais observer toutes précautions d'usage pour ne pas les casser.

Pour les profiteroles : faire cuire des petits choux de la grosseur d'une mandarine. Les remplir de crème de Mémée et arroser de chocolat chaud.

* * *

Bien sûr, j'ai fait des bêtises. Mais, la plupart du temps, elles ont été rattrapées par la gentillesse et la courtoisie de mes hôtes.

La brioche vendéenne est particulièrement délicieuse. Je ne savais pas la faire. L'un de nos clients, M. François, boulanger de son état, me propose lors de son premier séjour de m'en livrer les secrets.

Tout le monde est à la table du petit déjeuner. Mon mari rentre de la grange. Il a eu le temps d'écouter les nouvelles à la radio et nous annonce : « Le pape est mort. » Évidemment, cela ne laisse personne indifférent. Mais le programme est de faire de la brioche. Mon professeur ne connaît que les quantités qu'il utilise dans sa boulangerie, et il me dit ne pas être certain du résultat s'il sort de ces proportions ! Trente-six œufs... Allons-y. Pour pétrir, nous disposons du récipient adéquat : la grande bassine des boudins. Mais la pâte lève, elle peut même se développer en trois ou quatre, voire cinq fois son volume. À l'époque, je l'ignore. Deux heures après, tous les récipients de la maison susceptibles d'aller au four, depuis les bols du petit déjeuner jusqu'aux plats à gratin, débordent d'une masse dorée aux formes amollies. Nous ne manquerons pas de brioche, que je ferai cuire en trois fournées, dans mes trois fours et ceux de la voisine.

M. François décide d'apprendre à gaver des oies. Il revient donc avec des amis, deux mois plus tard. Tout le monde est à la table du petit déjeuner, mon mari rentre de la grange. Il a eu le temps d'écouter les nouvelles à la radio et nous annonce : « Le pape est mort. » Protestations générales : « Non, non, c'était l'autre fois. » Eh bien si, le nouveau pape était mort.

Avec irrévérence, nous en avons conclu que la visite de nos amis vendéens à La Borderie ne portait pas chance aux papes !

Pour le dîner de gala qui marque la fin d'un séjour, je décide de faire un poulet aux tartines de foie gras et aux écrevisses. Ensuite, nous irons tous au festival de théâtre de Sarlat.

Nous sommes seize à table. Tout le monde s'est mis sur son trente et un, prêt à partir pour la représentation aussitôt après le dîner.

Les poulets sont dressés sur deux grands plats ovales en argent, entourés des écrevisses qui alternent avec les tartines de foie gras, chacune garnie d'un œuf frit. Je sais que ce plat est un régal. Le poulet cuit avec vin blanc et échalotes se marie bellement avec les écrevisses. Le foie gras a commencé à fondre sous la chaleur de l'œuf frit. J'apporte le premier plat. Je n'ai pas vu Oka, mon cher chow-chow rouge, couchée à son habitude entre deux chaises, et dont l'arrière-train dépasse.

M. François, prévenant, s'écarte légèrement de la table pour me permettre de lui passer le plat, et reçoit poulets, sauce, écrevisses, foie gras et œufs frits, exactement sur l'estomac. Pour faire bonne mesure, je suis immédiatement derrière et termine ma course sur ses genoux.

Grand prince, couvert de sauce bien chaude, il me retient un instant et me dit dans un grand sourire :
« Ah ! Madame Delpeuch, depuis que je vous connais, j'attendais que vous me tombiez dans les bras ! »
C'est le plus joli compliment que l'on m'ait jamais fait.

Avec tous ces encouragements et la qualité des produits de ma région, je ne pouvais que progresser.

* * *

Le poulet aux tartines de foie gras et aux écrevisses

Le marché pour 6 à 8 personnes
1 ou 2 beaux poulets jeunes, d'environ 2 kg chacun
1 cuil. à soupe de graisse d'oie
250 à 300 g de foie gras, truffé ou non,
en conserve dans sa graisse
125 g de lard gras
4 ou 5 échalotes grises
1 verre de bon vin blanc, mêlé à 3 cuil. à soupe de cognac
6 ou 8 petites tranches de pain de campagne
6 ou 8 œufs très frais
sel, poivre du moulin
1 litre de court-bouillon pour les écrevisses (bien épicé

avec poivre, sel, quatre-épices, bouquet garni, oignon, mouillé de 1/2 litre de vin blanc et de 1/2 litre d'eau)

- Découper les jolies volailles dodues en morceaux, en ayant soin de conserver entières les parts que vous voudrez servir ; découper en plus petits morceaux les carcasses, le cou, les ailerons.

- Fondre, dans la cocotte à fond épais, la graisse d'oie mêlée à la graisse de conserve du foie gras. Chauffer à bonne chaleur, sans brûler.

- Faire sauter tous les morceaux de poulet, en plusieurs fois si nécessaire. Dorer la volaille de tous côtés, saler, poivrer.

- Ajouter le lard gras coupé en dés, les échalotes hachées très finement. Laisser fondre sans roussir.

- Arroser du vin blanc mêlé au cognac et faire flamber.

- Sur feu moyen, cuire à couvert, en remuant de temps à autre (après 35 à 45 minutes selon la tendreté de la viande, celle-ci sera cuite à point.)

- Châtrer les écrevisses (tirer doucement sur l'écaille centrale de la queue ce qui entraînera le long boyau) et les faire pocher 5 minutes dans le court-bouillon.

- Faire griller les tranches de pain et laisser refroidir. Lorsqu'elles sont froides, les tartiner avec le foie gras.

- Préparer les œufs frits, autant que de tartines, bien meilleurs que « sur le plat ». Pour cela, bien chauffer 2 cuillerées d'huile dans une poêle anti-adhésive, et y casser les œufs, l'un après l'autre. L'art de la réussite consiste à les retourner sur eux-mêmes, évidemment sans les crever ! Il faut pour cela des œufs très frais et ramener, sur le jaune, les bords du blanc, avant de retourner l'œuf ; le jaune doit rester liquide ; les égoutter sur un linge et tenir au chaud.

Pour servir :

- Disposer les morceaux de poulet avec la sauce, au centre du grand plat chaud.

- Placer autour du poulet, les tartines de foie gras sur lesquelles est déposé un œuf frit chaud, en intercalant les écrevisses entre chaque tartine. Arroser d'une ou deux cuillerées de la sauce, présenter le reste en saucière. Servir immédiatement.

* * *

J'étais tout à fait inexpérimentée lors de ma première rencontre avec la littérature culinaire. Le livre *La Bonne Cuisine du Périgord* de La Mazille précisait que la cuisine n'était surtout pas une affaire de recettes bien appliquées. Ce livre, de pure poésie locale, se lit comme un récit d'aventures. Passionnante échappée sur les traditions de gastronomie périgourdine, il ne donne pas les proportions des ingrédients, mais suggère qu'avec un jeune poulet de l'année, vous apprêtiez deux ou trois très belles truffes fraîches avec un peu de vin blanc, comme s'il suffisait de se rendre au fond du jardin pour récolter le tout. Je me souviens très bien de l'émotion que la lecture des pages consacrée à « La truite aux truffes de Monseigneur » a suscitée. Le coût de ce plat demandant réflexion, j'ai attendu une importante célébration familiale, la communion solennelle de mon plus jeune fils David, pour en décider la première réalisation. Nous étions dans les années 60 et j'avais appris que la personne qui avait écrit cet ouvrage vivait toujours dans un petit village près de Périgueux. Un de mes bons amis, Hubert de Commarque, créateur de l'Association pour l'essor du Périgord Noir, m'avait fait la surprise de lui téléphoner et de prendre rendez-vous. Tous les trois, nous avons passé une après-midi délicieuse. Mme Mallet-Maze, belle et énergique, avait déroulé pour nous ses souvenirs. Je garde une grande émotion liée à cette rencontre. Elle m'a dit que mon nom, Mazet, se prêtait à cette pratique périgourdine des diminutifs, et que Maze-Mazille était tout proche de Mazet-Mazille. J'y ai vu à ce moment-là un nouvel encouragement à développer mes idées sur la cuisine.

Les week-ends foie gras étant installés dans une routine, il m'a semblé qu'il fallait passer à un autre stade. Mes clients eux-mêmes se déclaraient prêts à venir et revenir découvrir le Périgord à partir de l'initiation au foie gras qu'ils avaient reçue à la maison. J'ai donc pensé qu'il était temps de réconcilier la cuisine de ferme et la cuisine de château, et je me mis à chercher la participation du propriétaire d'une très belle demeure. Hubert de Commarque me proposera La Poujade, l'une des siennes. Prenant appui sur notre confiante amitié, j'y créerai l'école de Cuisine et traditions culinaires de La Poujade, qui fonctionnera une année. Il m'en restera la certitude que l'idée était bonne et les souvenirs exquis d'un mariage de trois jours en Luberon, où je partagerai la charge de témoin du marié avec le prince Henri d'Orléans, et où l'un des plats principaux sera une excellente version de la daube à la provençale.

J'ai réalisé depuis que mon amour-passion pour les cèdres bleus date probablement de la promenade que nous avons faite avec toute la noce, dans la majestueuse forêt au-dessus de Ménerbes.

Carnets de cuisine, du Périgord à l'Élysée

* * *

La daube à la provençale

Le marché pour 6 à 8 personnes
2 kg de bœuf pris sur le gîte à la noix
ou toute autre partie un peu nerveuse et grasse
3 oignons
2 ou 3 carottes
1 bouquet garni comportant un brin de céleri
sel, poivre, quatre-épices,
1 morceau d'écorce d'orange
1 litre de bon vin rouge corsé et coloré (type bandol)
1 verre de vinaigre de vin
200 g de lard gras
4 ou 5 gousses d'ail

- Couper le bœuf en morceaux carrés de 100 g chacun environ.

- Mettre ces morceaux dans une terrine, avec 2 des oignons coupés en quatre, les carottes détaillées en bâtonnets de 4 cm environ et dont le cœur aura été retiré, le bouquet garni, sel, poivre, quatre-épices. Mélanger et tasser le tout. Arroser du verre de vinaigre de vin et du litre de vin rouge. Laisser mariner 5 ou 6 heures.

- Hacher fin le lard. Le mettre à fondre dans une daubière, en terre de préférence, ou dans une cocotte à fond épais. Sortir les lardons roussis avec une écumoire.

• Faire roussir légèrement, dans la daubière, 1 oignon coupé en quatre.

• Ajouter le bœuf et les garnitures, après les avoir égouttés. Laisser bien revenir en le faisant sauter de temps en temps.

• Ajouter 4 ou 5 gousses d'ail dans leur peau et le morceau d'écorce d'orange.

• Mouiller avec la marinade. Laisser réduire de moitié à feu très moyen, pour ne pas durcir la viande.

• Ajouter 1/2 litre d'eau chaude.

• Couvrir la daubière hermétiquement et laisser cuire à feu très doux durant 5 heures environ.

• Dégraisser avant de servir.

Je présente toujours, en accompagnement, des croûtons badigeonnés d'huile d'olive, séchés au four et légèrement frottés d'ail.

*　*　*

Bien sûr, les grands artistes de la cuisine m'impressionnaient et je rêvais de les rencontrer. Chaque année, les enfants quittaient La Borderie pour les vacances. Nous étions très occupés, et bien qu'ils soient tous des aides efficaces et souvent indispensables, j'estimais qu'ils devaient voir, et faire, autre chose ; de ces choses qui leur appartiendraient à eux seuls. Les amis et les tantes, accueillants et disponibles, mettaient à leur portée des séjours plus exotiques que la ferme familiale. Mais chaque année, juste avant la rentrée scolaire, je consacrais une large semaine à une randonnée pédestre en leur compagnie, sur des sentiers français. Nous vivions sous la tente, plutôt frugalement, mais dans le fond du sac à dos, une tenue vestimentaire propre, enveloppée dans un sac en plastique, était réservée pour le repas dans un bon restaurant qui était toujours prévu le dernier jour de notre périple.

Cette année-là, en 1981, je réalisai assez tôt que le temps me ferait défaut. Je ne voulais pas renoncer à notre tradition familiale de retrouvailles, aussi fis-je une proposition qui les laissa d'abord sans voix, puis immensément intéressés. En place de l'habituelle grande balade, prévue, cette fois-là, autour des lacs de l'Ariège, nous allions aller chez les Troisgros, tous ensemble.

Au jour décidé, nous montons en voiture à 4 heures du matin, la belle tenue chic sur des cintres accrochés contre la portière. Un peu avant Roanne, nous nous arrêtons, chacun se fait le plus beau possible, léger maquillage pour les filles et leur mère, et quelques minutes plus tard, nous passons, très émus, le seuil de ce prestigieux restaurant. Les enfants ont déjà dans la famille une solide réputation de connaisseurs, mais nous sommes ici incognito, tous prêts à vivre un rêve, car beaucoup de nos amis gastronomes nous ont parlé de cet endroit comme du temple de la bonne cuisine.

Chacun peut commander ce qui lui plaît, sans restriction : c'est mon cadeau. Mon plus jeune fils, David, plutôt mince pour ses dix ans, étudie le menu avec une attention soutenue et se décide pour un repas très complet. Le maître d'hôtel, supputant l'assiette pleine retournant en cuisine, essaie de contrôler l'enthousiasme des enfants. David est très courtois mais très ferme : il commencera par des huîtres chaudes, continuera avec un homard grillé et poursuivra par un tournedos à la moelle au Fleury... sans aucun doute, il s'intéressera au plateau de fromages et il a vu passer le chariot de desserts, cela aussi, oui, il y fera honneur ! Après avoir vainement essayé de me prendre à témoin de cet évident gaspillage — car les enfants, n'est-ce pas... —, le maître d'hôtel se résigne et s'en retourne en cuisine pour rapporter nos commandes, dont les huîtres Julia à Julia et, à moi, le fameux foie gras dont j'ai tellement entendu parler. Deux heures plus tard, toutes les assiettes sont reparties vers la cuisine absolument vides, la conversation et la bonne chère ayant été d'aussi exceptionnelle qualité. Arrivent alors à notre table les deux frères Troisgros.

Pierre, s'adressant à moi, demande :

« Ils sont à vous ces enfants, madame ?

– Oui !

– Eh bien, dites-moi, vous devez vous lever de bonne heure pour leur faire la cuisine !

– Ah bon, pourquoi ?

— Dix-huit plats, madame, dix-huit plats !
— Oui, mais nous sommes six !
— Oui, mais dix-huit plats et quatre enfants. Nous n'en revenons pas. J'en reçois la preuve que vous avez aimé.
— Justement, je rêve de savoir comment vous faites cuire le foie gras.
— C'est un nouveau procédé, une cuisson sous vide, dans des fours spéciaux.
— Ah, très bien, la seule chose qui me gêne c'est que vous annoncez "terrine de foie gras", alors qu'il s'agit d'un foie de canard. Certes, c'est un incomparable foie de canard. »

Sur le point de quitter la table, Pierre Troisgros revient sur ses pas et me demande comment je peux faire la différence. Je lui réponds que nous sommes sensibles à la différence des saveurs, et que si son inimitable talent est responsable de la perfection du goût obtenu, il conviendrait de respecter le nom du produit. Le foie gras, c'est le foie d'oie ; l'autre doit porter l'appellation foie gras de canard. Nous, les producteurs, attendons des grands artistes, dont il fait partie, un soutien sans équivoque et une aide à la formation des consommateurs.

Beau joueur, Pierre Troisgros nous ouvre séance tenante ses cuisines et ses fours, et toute la famille Delpeuch, convaincue du privilège, découvrira la grande brigade au travail.

Douze ans plus tard, lorsque je le rencontrerai en Californie, il se souviendra de cette famille qui, du plus petit jusqu'au plus grand, « avait une sacrée bonne tenue à table ».

Ma fille Anne, qui à l'époque avait quinze ans, apportera, avec son humour bien particulier, la conclusion à cet heureux moment. En marquant un temps d'arrêt sur le pas de la porte, elle déclare lorsque nous quittons le restaurant : « Eh bien, voilà, nous venons de vivre l'expérience qui va établir d'une façon définitive notre réputation de gourmets, à nous, les enfants Delpeuch ! »

Nous nous arrêterons sur le chemin du retour pour une petite sieste à l'ombre. Les quatre heures suivantes, sur le trajet vers la maison, dans une atmosphère de bonheur directement liée au régal du déjeuner, les enfants, heureux et comblés, nous livreront des secrets jusque-là bien gardés. Notamment, celui où leur petit frère s'étant rendu très gravement coupable d'un manquement envers le groupe, ils l'avaient déculotté et assis de force sur une fourmilière éparpillée. Naturellement, David ne s'était non seulement pas plaint, mais avait compris la leçon et, depuis, y regardait à deux fois avant de trahir la horde. Ils nous racontèrent aussi comment ce même David cachait un petit sac contenant du sel, du poivre et des allumettes dans un arbre creux, pour cuire dans les bois les pommes de terre et les côtelettes d'agneau dérobées au congélateur. Je trouverai dans cette révélation la réponse à une question présente dans le fond de mon esprit. Sans jamais aller très loin dans les comptes, il m'avait toujours semblé que les agneaux que nous sacrifiions pour nos hôtes n'avaient pas beaucoup de côtelettes...

* * *

Les côtelettes d'agneau sauce poulette et la purée d'asperges

Le marché pour 6 à 8 personnes
1 ou 2 belles côtes d'agneau par personne
2 cuil. à soupe d'huile d'arachide
1 kg d'asperges tendres
2 cuil. à soupe de farine
1 verre de lait
1 noix de beurre
quelques feuilles de cerfeuil
quelques feuilles de persil
sel, poivre du moulin

Pour 5 dl de sauce poulette :
60 g de beurre doux
30 g de farine
6 dl de bouillon
2 beaux jaunes d'œufs
1/2 citron
15 g de pelures de champignons
sel, poivre, noix muscade, bouquet de persil

Pour préparer la sauce poulette :

- Dans une casserole d'un litre environ, faire fondre 30 g de beurre, ajouter la farine, tourner à la spatule de bois jusqu'à obtenir un roux blond. Puis, délayer avec 5 dl de bouillon (réserver 1 dl pour diluer les œufs), assaisonner, faire reprendre l'ébullition en tournant avec la spatule.

- Ajouter le bouquet de persil, les pelures de champignons, et laisser dépouiller pendant 30 minutes.

- Préparer dans un bol les jaunes d'œufs de la liaison, en les délayant parfaitement avec 1 dl de bouillon froid. Presser le citron.

- Lorsque la sauce est prête, retirer le bouquet de persil ; la passer au chinois au-dessus d'une casserole. Mélanger, en vannant à plein feu pendant 1 ou 2 minutes.

- Retirer du feu pour faire la liaison à l'œuf.

- Attention : dans le bol des jaunes d'œufs, verser l'une après l'autre 3 ou 4 cuillerées de sauce chaude pour réchauffer progressivement les jaunes. Verser alors peu à peu le contenu du bol dans la sauce, toujours tenue hors du feu, en remuant avec un petit fouet.

- La remettre sur feu modéré et sans cesser de tourner doucement jusqu'à ce qu'elle ait recommencé à bouillir franchement.

- La maintenir au chaud, au bain-marie, jusqu'au moment de la servir. Alors seulement, ajouter le filet de citron, et la noix muscade.

Pour préparer la purée d'asperges :

- Cuire les asperges à l'eau bouillante. Les égoutter.

- Couper les pointes jusqu'à la partie fibreuse.

- Faire une sauce blanche avec la farine délayée dans le lait, mettre à chauffer sans cesser de tourner, jusqu'à bon épaississement.

- Sortir du feu, puis ajouter la noix de beurre et la mélanger intimement.

- Passer les asperges au presse-purée, grille moyenne, et les mélanger avec la sauce blanche. Tenir au chaud.

- Ces deux préparations étant en attente, faire griller les côtelettes après les avoir frottées d'un peu d'huile. Ne saler et poivrer qu'après la cuisson afin de ne pas empêcher la formation de la belle croûte caramélisée à la surface de la viande, qui doit rester tendre et rosée à l'intérieur.

***

À la ferme, les invités-clients-cousins se succèdent, reviennent de tous les coins d'Europe, d'Asie, mais surtout d'Amérique. Anne Willan et son époux sont l'un des premiers couples américains, que nous recevons. À ce moment-là, je ne sais pas qu'Anne dirige l'école de cuisine La Varenne. Située rue Saint-Dominique, cette école s'est établie sous la protection de deux grandes dames de la cuisine : une Française, Simone Beck, et une Américaine, Julia Child.

Amie de Paul Pellaprat, Simone Beck vient de la grande bourgeoisie. Elle a toujours eu un goût certain pour la cuisine, la fait très bien et en parle, en français et en anglais, tout aussi bien. Julia Child, épouse de G.I., a découvert la cuisine française à l'école du Cordon-Bleu, dans les années 40. En 1951, leur rencontre et leur amitié avec Louisette Bertholle a donné naissance à l'École des trois gourmandes, puis au Club des gourmettes à Paris, et, enfin, aux deux volumes de *Mastering the French Cooking*, paru aux États-Unis en 1961.

Cette bible culinaire destinée à familiariser les Américains avec la cuisine bourgeoise française, et son impact outre-Atlantique, ont été et demeurent ignorés de la grande majorité des Français. J'ai toujours été heureuse de constater et faire remarquer que ce livre est l'œuvre de trois femmes à l'esprit assez raisonnable pour ne pas considérer les Américains comme des cow-boys sans papilles.

Une fois la voie tracée par ces pionnières, il a été facile à certains grands chefs français d'établir leur réputation aux États-Unis. Ils ont souvent commodément ignoré que sans la passion de ces trois femmes, et leurs efforts, la cuisine française ne serait pas ce qu'elle est devenue là-bas. Surtout, elle ne pourrait pas résister aux coups de boutoir de l'uniformisation généralisée du goût. En introduisant des pratiques culinaires familiales de bonne tenue dans toutes les écoles de cuisine, s'adressant à la base, elles ont préparé et ouvert un marché, que les chefs français les plus célèbres ont parcouru (certains — les plus prétentieux — sans succès).

Il est trop simpliste de considérer que le marché américain de la gastronomie est un marché fermé. À mon sentiment, lorsque le chef français cessera de se considérer comme le plus compétent, le seul artiste capable de l'exercice périlleux qui consiste à faire une cuisine plaisante, il découvrira outre-Atlantique des produits magnifiques, des cuisiniers inspirés qui ne sont pourtant jamais venus en Europe, et une si grande curiosité généreuse qu'il ne l'oubliera jamais. Cela ne demande que respect et courage.

Je n'ai développé aucune relation particulière avec les États-Unis à la suite de la visite d'Anne Willan. Son austérité très britannique ne s'y prête pas. Mais, quelques années plus tard, la visite du nouveau directeur de l'école, Gregory Usher, accompagné de quelques élèves, m'ouvrira les portes du rêve américain.

***

Le poulet au vinaigre de Gregory

Le marché pour 6 à 8 personnes
1 gros poulet de 2,5 kg environ
300 g d'oignons grelots
300 g d'échalotes grises
1 dizaine de gousses d'ail
sel, poivre, vinaigre de vin et vinaigre balsamique
graisse de canard

• Badigeonner au pinceau le beau poulet avec de la graisse de canard, assaisonner, et cuire à four chaud, en le retournant deux ou trois fois, pendant 1 heure. À ce stade, ajouter l'ail en chemise (non épluché) et 1/2 verre d'eau. Remettre à cuire pendant 30 minutes.

• Dans une petite cocotte en cuivre, faire revenir, dans un peu de graisse de canard, les oignons grelots et les échalotes épluchés, saler, poivrer et ajouter un filet de bon vinaigre de vin. Laisser compoter sur feu très doux pendant 45 minutes.

• Lorsque le poulet est cuit, retirer l'ail du plat de cuisson et le réserver.

• Découper le poulet en parts et remettre les morceaux et les jus dans le plat. Arroser de trois cuillerées à soupe de vinaigre balsamique, et remettre à four chaud, pour 10 minutes supplémentaires.

• Servir le poulet sur la compote d'oignons et d'échalotes, entouré de l'ail en chemise.

* * *

Gregory Usher, directeur de l'école de cuisine La Varenne, s'est annoncé. Il a lu dans *Le Nouvel Observateur* un article de trois pages qui raconte les week-ends foie gras et la vie de la ferme. Il souhaite nous rencontrer et compte venir avec un groupe qui ne parle pas français.
Voilà l'obstacle ! Mon anglais ne laisse soupçonner aucun signe d'existence. Depuis plusieurs années, j'ai tout oublié. Mais nous verrons bien.
Je redoute toujours un peu ces groupes constitués qui apportent chez nous leur façon de se distraire. Mais je table sur l'exotisme de la situation pour m'amuser quand même. De plus, Gregory, au téléphone, m'est déjà sympathique.
La communication, d'entrée, n'est pas facile, car ce que je défends tombe dans tous les pièges. À cette époque, la graisse, le sel, les nourritures riches sont doctement remis en question dans tous les journaux et magazines américains. Le foie gras même n'emporte pas l'adhésion à laquelle je suis habituée, et je garde des deux premiers

jours de ce week-end de navigation à vue, un sentiment d'incompréhension générale, aggravé par les barrières de la langue.

Seul l'amour ardent de Gregory pour l'art culinaire français et pour la vie rurale périgourdine parvient à faire équilibre. Je ne peux défendre mes positions, ni communiquer mes passions.

Le samedi soir, tout éclate. Il y a, parmi les « stagiaires », une dame à la corpulence respectable, extrêmement élégante, qui ne m'a pas dit un mot jusque-là. Je ne sais d'elle que son nom : Catleen Mullern. Elle goûte et émet des commentaires toujours intéressants. En me les traduisant fidèlement, Gregory me révèle la déférence qu'il lui manifeste. Distante, sévère, elle m'intrigue. Le samedi soir, pendant le dîner de gala, voulant essayer de rompre la glace, je me lance avec les trois mots d'anglais que je suis capable d'articuler.

À mon timide : « Travaillez-vous dans une cuisine ? », elle répond sèchement : « *I am the boss* » (« Je suis la patronne ») en assenant un coup de poing sur la table. Cette incongruité de la parole et du geste me fait éclater de rire. Catleen, interdite, et à ce jour non défiée, me regarde fixement. Toute la table pétrifiée en fait autant. J'ai compris plus tard qu'il y avait là, en sa compagnie, la directrice de deux de ses établissements à Philadelphie, son chef principal, et quelques amis que sa compétence et sa réussite professionnelle bien méritée impressionnaient.

Je prie instantanément Gregory de bien vouloir traduire à cette dame :

« Chère madame, vous êtes chez moi depuis deux jours, vous ne m'avez pas encore adressé la parole. Je ne parle pas anglais. Dans un proche avenir, je souhaite vous rencontrer de nouveau, et ouvrir avec vous des conversations qui seront passionnantes, je le sais. »

Vœu exaucé. L'amitié et le soutien fidèle que Catleen me manifestera, tant en France qu'aux États-Unis, ne se démentiront jamais. Toujours sous forme de défi, elle ne cessera de m'encourager à aller plus loin, elle me témoignera une affection précieuse, et m'aidera sans même me le faire savoir.

Au cours de ce mémorable dîner, ma voisine de droite, grande Américaine souriante, mais tout aussi coupée de moi à cause de nos langues respectives, découvrira, le vin aidant, que nous pouvons communiquer en espagnol. Originaire du Colorado, elle aussi m'aidera sans compter. Elle ouvrira les portes d'une petite école de cuisine très privée, le fastueux Bradmoor Hotel, et me fera découvrir la prenante beauté des grands espaces et des plaines du centre des États-Unis.

Gregory m'invitera à donner des cours de cuisine à La Varenne, il me fera découvrir bien des endroits de Paris et de France dont je n'avais même pas soupçonné les richesses. Il me mettra en contact avec Catherine Burgett, qui sera responsable de mon premier voyage en avion. Autre grand cadeau, il me présentera à tous ses amis américains ; plusieurs d'entre eux sont devenus les miens.

* * *

Le confit comme le préférait Gregory

Le marché pour 6 à 8 personnes
Prévoir 1 confit d'oie en conserve pour 2 personnes, aile ou cuisse
2 kg de tomates rondes bien mûres
3 gousses d'ail
3 belles branches de thym
4 cuil. à soupe d'huile d'olive
1 morceau de sucre
sel, mélange de poivre (blanc, noir, vert et rose) fraîchement moulu

- Préparer la sauce tomate 1 heure avant le service.

- Éplucher à froid les tomates, avec un couteau de cuisine très affûté.

- Les partager. Avec une petite cuillère, retirer les graines, sans presser les tomates, et les concasser très grossièrement.

- Éplucher l'ail et le couper en fines tranches de toute la largeur de la gousse.

- Dans une sauteuse assez large à fond épais, faire chauffer l'huile d'olive à petit feu. Jeter d'un coup les tranches d'ail dans l'huile d'olive, remuer et 20 secondes plus tard, pas plus, verser les tomates concassées par-dessus l'ail.

- Saler légèrement, poivrer largement, ajouter le thym, le sucre et mélanger le tout. Laisser compoter sur feu très très doux, pendant environ 1 heure. La sauce sera prête lorsque la consistance obtenue se présentera comme une crème, avec quelques grumeaux.

- Faire réchauffer le confit, dégraissé, la peau en contact avec le fond de la poêle afin de former une petite croûte rôtie à la surface.

- Pour servir, dresser les confits sur le plat de service chaud, les napper d'un peu de sauce. Servir le reste en saucière.

En accompagnement, une salade craquante, très simplement assaisonnée, convient tout à fait.

J'ai adopté l'ail dans ma cuisine, je recherche l'ail rose, et j'en mets partout. J'adore ça !

Son utilisation dépend de la saison. Celui de juin et juillet, je le cuis en chemise, en accompagnement d'un rôti. Ou bien, je scalpe le haut de la tête d'ail, et je passe sur la surface tranchée un peu d'huile d'olive au pinceau. La face posée contre le fond d'un plat à fond épais, après 20 à 25 minutes au four, chaleur moyenne, l'ail se transforme en une sorte de crème.

Pour le service, je donne une petite cuillère, de celle que l'on utilise pour servir un expresso.

Le reste de l'année, jusqu'en février à peu près, j'utilise l'ail français, en enlevant le germe, plus important au fur et à mesure que l'on avance en saison, coupé de diverses manières, afin qu'il développe son arôme et sa force de manière différente. Comme ma grand-mère, en copeaux, pour les pommes de terre sarladaises ; comme ma sœur, en bâtonnets pour la salade tendre ; pressé pour une salade croquante ; en tranches fines pour une fricassée au persil ; en tranches épaisses pour des côtes d'agneau grillées. Finalement, jamais en minuscules cubes réguliers comme on apprend à le faire dans les cours des écoles hôtelières. Le reste de l'année, l'ail frais arrive du Chili, mais c'est de l'ail blanc, que j'aime moins car il n'a pas le parfum du rose.

* * *

Les gens qui parlent anglais commencent à se passer notre adresse, et il n'est plus possible de se limiter à des conversations superficielles. Une dizaine de cours en laboratoire de langues, à la Chambre de Commerce de Brive, me feront prendre conscience de l'ampleur du projet. Par ailleurs, il me semble que je me dois de faire des progrès en cuisine, car afin d'allonger la période d'accueil de La Borderie, qui se situe d'octobre à mars, j'ai pensé ouvrir une table d'hôte dans la grande salle à manger, pour ensuite, peut-être, faire évoluer la structure des week-ends foie gras, très prenante, vers un restaurant raffiné.

Une stagiaire américaine, étudiante à l'école de La Varenne pourrait-elle trouver un intérêt à venir vivre chez nous pendant quelque temps ? Je pourrais peut-être ainsi trouver une solution à mes deux problèmes.

Je demande aussitôt à mon ami Gregory de trouver quelqu'un pour m'aider au restaurant, qui marche juste assez bien pour dégager un petit salaire de second en cuisine.

Il me rappelle, quelques jours plus tard, ravi de m'annoncer qu'une élève est très intéressée. Il me la décrit comme l'une des meilleures élèves que l'école ait jamais eue, me précisant : « C'est un petit bijou ».

Cathy est une jeune cuisinière de vingt-trois ans, ayant le don, exécutante honnête, inspirée et fiable, extrêmement intelligente ; j'apprendrai beaucoup d'elle. Elle se révèle être la personne de la situation. À l'exception d'un domaine : je ne ferai aucun progrès en anglais, elle parle trop bien le français.

Avec les activités d'hiver, le restaurant et les chambres d'hôtes l'été, les saisons se suivent, rythmées par les fêtes familiales auxquelles Cathy participe. Depuis le grand gâteau, reproduction d'un jardin, qu'elle avait exécuté pour les soixante-dix-huit ans de ma mère, jusqu'aux gésiers confits en cassolettes feuilletées, nous nous rappelons toujours avec plaisir et gourmandise son passage chez nous.

Les gésiers d'oie en cassolettes feuilletées

Le marché pour 6 à 8 personnes
6 à 8 gésiers d'oie confits en conserve
700 g à 900 g de vraie bonne pâte feuilletée
3 cuil. à soupe de lait
6 cuil. à soupe de crème fraîche
1 petite poignée de feuilles d'estragon frais
sel et poivre du moulin

• Pour préparer les cassolettes de 15 cm sur 8 cm environ, et 1 bon cm d'épaisseur, étendre la pâte et la découper à l'aide d'un couteau pointu, qui ne l'écrasera pas.

• Avec la pointe du couteau, sur une épaisseur de 3 à 4 mm, marquer un rectangle à 2 cm des bords sur chaque cassolette. Ce sera le couvercle à retirer après cuisson. Décorer, à la pointe du couteau, le dessus du rectangle de pâte, de très peu profondes lignes entrecroisées, et appliquer une dorure au jaune d'œuf à l'aide d'un pinceau léger. Dresser sur une plaque farinée et laisser reposer 30 minutes dans le réfrigérateur.

- Enfourner à four chaud pour 20 minutes environ (le choc thermique permettra une hauteur de cassolette des plus réjouissantes).

- Dès qu'elles sont cuites et bien dorées, retirer délicatement le couvercle prédécoupé et les couches molles qui sont à l'intérieur. Réserver.

On peut congeler à plat les cassolettes encore chaudes, qui seront décongelées et réchauffées juste au moment de les utiliser.

Pour préparer la garniture :

- Escaloper en tranches minces les gésiers d'oies et les faire sauter dans un peu de leur graisse, sans les colorer pour ne pas les durcir, et en les remuant délicatement. Poivrer.

- Verser la crème et le lait, faire repartir à ébullition.

- Laisser réduire à petit feu pendant 3 minutes. Rectifier l'assaisonnement. Réserver.

- Au moment de servir, mettre les cassolettes à chauffer.

- Remettre la poêlée de gésiers sur petit feu. Dès ébullition, retirer et jeter la petite poignée d'estragon frais, finement ciselé. Ne pas cuire.

- Sortir les cassolettes, les garnir de la préparation, et servir immédiatement.

CAHIERS DE VOYAGE

Un matin du printemps de 1982, je reste interloquée à la lecture du courrier. La Direction générale des impôts nous présente un rappel dont le montant me fait croire à une erreur : il est tellement important qu'il en devient presque cocasse. En attendant le rendez-vous avec les services compétents, j'essaie de maîtriser une sourde angoisse. Qui va se justifier.
Des additions faites à partir du nombre d'oies supposées être gavées à La Borderie, extrapolé à partir d'un article du *Nouvel Observateur*, ajoutées aux opérations de multiplicateurs, non avertis des réalités du travail agricole, ressort le montant d'une dette envers le Trésor public, qui semble ne pouvoir souffrir aucune discussion.
La ferme tourne plutôt rond grâce à son activité touristique. Tout le monde travaille énormément. Nous ne

baignons pas dans le luxe, loin de là, mais le boulanger et le couvreur sont réglés en temps voulu. Payer les scolarités et changer, tous les deux ans, l'unique voiture de la famille demande réflexion et attention.

Mon associé dans la vie et dans les affaires décrète qu'il n'assistera pas aux discussions de marchands de tapis qui se profilent à l'horizon avec l'administration fiscale : il faut payer et pour cela, vendre. Moi, je refuse de vendre tant que nous avons chacun deux bras et deux jambes en bonne santé.

J'empoigne donc le problème et tente d'abord de faire valoir des arguments de bon sens pendant les discussions. Ce ne fut ni gai, ni simple, tout simplement décourageant. Mais un jour poussant l'autre, une heure tirant la suivante, je me retrouve, plusieurs mois plus tard, seule en face du grand directeur des Impôts, relativement courtois. Je m'engage à payer chaque mois, et dans un délai de trois ans, une somme dont nous n'avons pas le premier sou. Grande et appréciable faveur, il me donnera six mois de délai pour commencer à verser les premières mensualités.

Je ressens le besoin, dans un premier temps, de m'éloigner, de faire une coupure radicale, sinon pour trouver de quoi sauver la famille et la ferme, du moins pour mesurer l'étendue du désastre.

Les clients éventuels ne se présenteront pas avant deux mois. Je sais que la formule d'accueil à la ferme s'essouffle. Il faudrait nous renouveler. Aucune idée ne se présente à mon esprit, endolori par la bataille des

derniers mois avec une administration fiscale aux méthodes éprouvantes. Je suis, nous sommes à terre.
J'hésite. Aller où ? L'Amérique ? Oui, mais c'est loin. Je n'ai jamais pris l'avion et je ne parle pas anglais. Nos enfants traversent les zones de turbulence de l'adolescence. Il y a trop de choses qui ne vont pas bien.
Cathy nous quitte, elle retourne aux États-Unis, après trois années en Europe, dont une à mes côtés. Elle est un peu effrayée en même temps qu'heureuse. Elle sait qu'elle va trouver une civilisation totalement différente, mais elle la connaît. La veille de son départ, elle sort de sa réserve naturelle à mon égard, passe la barrière de la timidité, et me dit les mots dont j'avais besoin. Elle me dit que je ne dois pas avoir peur. Que mon renoncement est une atteinte à la solidarité des femmes. Qu'il y a de la place pour moi dans une autre dimension des choses de la vie et que je dois oser jouer.
Je vais donc devoir oser !
Je commence par partir dans les Pyrénées, où un ami me prête son immense chalet. J'achète un roman à la librairie du village. Marilyn French, précise le texte de couverture, est la romancière américaine qui a contribué de manière éclatante au succès du féminisme en littérature. Cette lecture me pousse. Aller aux États-Unis est le plus grand défi qui se présente. Peut-être est-ce en coupant les ponts derrière moi que j'avancerai ? Mais aller aux États-Unis, pour quoi faire ? Les « décideurs » français que je rencontre n'ont de cesse de me décourager. On ne décide pas de s'embarquer pour les

États-Unis uniquement par instinct de conservation. On y va mandatée, envoyée, aidée, payée par des services commerciaux dont les performances internationales sont avérées. À condition bien sûr de posséder des compétences reconnues et surtout une introduction. Je n'ai ni les unes, ni l'autre.

Encore une fois, ma passion est jugée suspecte, et je sens se développer une farouche confiance en mon instinct, qui s'enracine, je le sais, dans le bons sens paysan hérité de mes parents.

Mon ami Gregory, de passage dans la région, téléphone. C'est l'été, il fait beau, il aimerait me rendre visite avec ses amis, si je suis libre... Je le suis, totalement, surtout pour lui.

Et le destin me refait un signe amical. Au cours du déjeuner, j'ai pris ma décision, et je demande son aide à cet ami américain, qui ne me la mesurera pas. C'est en achetant le billet itinérant le moins cher dans une agence du XIXe arrondissement de Paris que je réaliserai, sur une grande carte affichée au mur, que San Francisco et New York sont diamétralement opposés, et distantes de plusieurs milliers de kilomètres. Seule la chanson de Frank Sinatra à propos de New York, « *If I can do it there, I can do it anywhere* » (« Si je peux le faire ici, alors je peux le faire n'importe où »), me tourne dans la tête.

Le 25 février 1983 au soir, je monte à Brive dans le train pour Paris. Cent dollars en poche, pas de carte de crédit, un billet aller et retour pour New York sur les lignes aériennes pakistanaises, et un billet sur les lignes intérieures américaines avec quatre arrêts autorisés. Une liste d'adresses de gens inconnus, offerte par Gregory, complète ce maigre trousseau.

Je me sens nue, le cœur vide, et la dernière image de cette nuit reste à jamais gravée dans ma mémoire. Celle de mon fils aîné Vincent, dix-neuf ans, courant le long du quai au moment du départ, pour me souhaiter bon courage.

L'année suivante, une semaine avant le second départ, c'est lui encore qui, rognant sur un budget personnel exigu, m'enverra un immense bouquet accompagné de ces mots : « Bonne chance, Maman ». Cela me rendra tout mon courage.

Tout est aventure, mais je souffre encore des malaises qu'engendre la timidité, malgré ma décision de ne pas en tenir compte.

Le bus qui m'amène à l'aéroport, l'enregistrement des bagages, le décollage, le voyage, et le plateau-repas avec un riz au curry, impriment une trace indélébile. La beauté des yeux des bébés voyageant sur cette ligne indienne et toutes les annonces incompréhensibles dans l'anglais chantant des hôtesses indiennes me ravissent déjà.

De retour en France deux mois plus tard, j'ai compris que l'Amérique est pour moi une nécessité. L'esprit d'entreprise, la farouche volonté de réussir, l'exigeante générosité de mes nouveaux amis sont l'antidote et le révélateur de la douceur de vivre périgourdine. Je vais apprendre l'anglais. Je veux habiter à La Borderie, promouvoir mes idées sur la scène internationale, en vivre, planter une roseraie et créer un jardin d'herbes aromatiques.

Mon amie Gabrielle tient de sa grand-tante cuisinière une recette de terrine de lapin, qui utilise les herbes aromatiques d'une façon très originale.

* * *

La terrine Gabrielle

Pour une terrine de 20 cm de long
1 beau lapin de 1,6 kg environ et son foie
400 g de fines bardes de lard gras
300 g d'échine de porc assez grasse
200 g de chair de veau dans le quasi
1 beau foie de poulet
romarin, serpolet, thym, laurier, 2 tiges de persil
3 cuil. à soupe d'échalote ciselée
sel, mélange de poivre (noir, vert, blanc et rose)
quatre-épices, noix muscade, 1 clou de girofle
1 dl de cognac ou d'armagnac

- Réserver une dizaine de fines tranches de lapin de la longueur de la terrine, découpées dans le râble et les cuisses.

- Enlever entièrement les viandes qui entourent les os du lapin, les hacher grossièrement, avec les deux foies.

Hacher finement le porc et le veau. Peser l'ensemble de cette farce.

• Préparer l'assaisonnement suivant par kilo de mélange : 18 g de sel, 3 g de poivres, 1 g de muscade, 1 g de quatre-épices. Bien mélanger aux viandes.

• Effeuiller le thym, le romarin et le serpolet, briser la feuille de laurier.

• Chauffer l'alcool jusqu'à ébullition, y mettre le persil et l'échalote finement ciselés, le thym, le laurier, le serpolet, le romarin, le clou de girofle et laisser infuser 10 minutes, casserole couverte. Réchauffer l'infusion à l'alcool et, dès la première ébullition, verser sur les tranchez de lapin. Mélanger et laisser reposer 1 heure.

• Tapisser le fond et les côtés de la terrine de cuisson de fines bardes de lard gras.

• Retirer du mélange parfumé les tranches de lapin, et les réserver.

• Tasser dans le fond de la terrine une couche de farce de 2 cm environ. Déposer ensuite une couche de tranches entières, puis une autre couche de farce, et ainsi de suite. Terminer par une couche de farce et décorer avec des lanières de barde, disposées en croisillons.

• Préchauffer le four à 190°, et cuire dans un bain-marie constamment en ébullition, pendant 30 à

35 minutes par livre. (Si nécessaire, ajouter de l'eau bouillante en cours de cuisson.)

• Sortir la terrine, la laisser refroidir 15 minutes. Maintenir sous presse au réfrigérateur pendant 18 à 24 heures.

Le juste point de cuisson est atteint lorsque le liquide monté à la surface en ébullition, sur les bords de la terrine, est fait d'une graisse parfaitement limpide, ce qui signifie que tous les jus sont absorbés par la viande.

Pour presser les terrines : je découpe une forme en carton à la dimension intérieure de la terrine employée, je l'entoure, serrée, de plusieurs couches de papier d'aluminium. Et j'appuie en posant dessus deux boîtes de conserve pleines (deux fois 500 g est un poids idéal).

Une terrine, composée de plusieurs viandes de textures différentes, se bonifie en 4 ou 5 jours, et peut se garder au frais 10 à 12 jours.

* * *

Heureusement qu'à mon premier voyage, j'ignore que l'aéroport de New York a la réputation d'être le plus compliqué du monde. Les voyageurs confirmés disent qu'il est aisé de s'y perdre, et de manquer ainsi des correspondances. Après un premier vol sans histoire, aux côtés d'une adorable dame québécoise, qui m'a affirmé d'un ton rassurant que je suis, dans mon siège d'avion, autant en sécurité que dans le canapé de mon salon, j'ai la sensation grisante d'avoir démystifié la complexité des lignes aériennes.

Le défi suivant est de repérer, à l'arrivée, le transport en commun qui doit me conduire de l'aéroport international jusqu'à la « bonne » ligne intérieure. Premier choc, le policier chargé de vérifier les passeports n'a aucune notion de la langue qui m'est familière. Il s'adresse à moi dans une suite de sons non identifiés, tamponne mon passeport et m'indique la sortie avec un grand geste désinvolte, l'œil fixé sur le passager suivant.

Je suis en Amérique. Je me le dis, me le répète en regardant autour de moi. Mon cas n'intéresse personne et ma valise est trop lourde !

Finalement, au terme d'un petit voyage en autobus d'une dizaine de minutes, il me semble que je suis au bon endroit. J'enregistre de nouveau mes bagages et je monte dans un avion qui doit me déposer à destination dans une heure et demie. Mon ignorance est telle que je n'ai pas remarqué que la carte d'embarquement porte un numéro de siège précis qu'il est impératif de rejoindre. Deux grands Américains, hommes d'affaires rentrant chez eux après une journée à la ville, tenteront de me l'expliquer, dans une suite de sons inconnus, et avec force gestes plus explicites.

Une demi-heure après le décollage, l'avion atterrit. Comme je n'ose plus demander quoi que ce soit à l'hôtesse, je vérifie fiévreusement le nom de l'aéroport en façade des bâtiments, et je lis Texaco. Je me détends : je ne vais pas à Texaco. J'apprendrai plus tard que Texaco n'est pas une ville mais une marque de carburant.

Au deuxième arrêt, pas de panneaux, et de toute façon, il fait nuit. Je prends une chance, je ne bouge pas de mon siège. Le troisième arrêt se signale par un grand signe lumineux : « Bienvenue à Ithaca ». L'ange gardien des Périgourdins qui s'arrachent à leur terre veille sur moi. Je suis arrivée. Une grande jeune femme, Anne Sterling, mon hôtesse de ce soir, court vers l'avion, en tenant son large chapeau à deux mains. Je la reconnais, elle est venue à La Borderie, en week-end foie gras, l'année précédente. Alertée par mon ami Gregory, elle a organisé deux cours de cuisine dans la maison familiale de ce petit bourg de la côte Est.

Je fais connaissance avec la nourriture locale francisée : du fromage un peu plâtreux avec des petits gâteaux secs salés. Mais je découvre, en même temps, l'extraordinaire gentillesse qu'offrent généreusement les Américains, dès lors que vous montrez du plaisir à les rencontrer. Entendant parler de gavage d'oie pour la première fois de leur vie, ils montreront un intérêt circonspect à l'enthousiasme d'Anne, qui leur racontera que ce n'est pas si féroce que ça et que, de toute façon, on fait avec la carcasse de l'oiseau et les légumes du jardin une merveilleuse soupe.

* * *

La soupe de carcasse

Le marché
1 carcasse d'oie ou de canard gras
plusieurs feuilles de chou vert
Pour la farce :
300 g de pain au levain (rassis de préférence) trempé dans de l'eau et essoré
100 g de reste de viande cuite ou non, ou un petit foie de volaille réduit en purée
1 œuf
1 gousse d'ail
5 à 6 branches de persil plat
1 petite poignée de fines herbes
Pour la soupe :
2 poireaux, 3 carottes, 1 navet, 1 oignon, 2 branches de céleri
gros sel

- Préparer la farce en mêlant tous les ingrédients.

- Blanchir 1 minute à l'eau bouillante les feuilles de chou vert.

- Tapisser l'intérieur de la carcasse, côté dos, avec une partie des feuilles, et tasser la farce dans le berceau ainsi préparé. Recouvrir avec l'autre face et ficeler étroitement.

- Mettre à cuire, avec les légumes épluchés, dans 3 ou 4 litres d'eau bouillante pendant 1 heure 30.

- Servir la farce coupée en tranches, accompagnée des légumes, à côté du bol de bouillon.

* * *

Dès mon arrivée, à travers les brumes du décalage horaire dont je savoure, pour la première fois, les effets, je découvre avec fascination la vie sociale d'une petite bourgade de Nouvelle-Angleterre. Mon approche de la culture américaine se limitait jusque-là à mon intérêt pour les films d'aventures hollywoodiens. J'avais entendu parler du Coca-Cola que je détestais, par principe. Je savais que le Président Kennedy, avant d'être assassiné, avait enfin accordé une légitime liberté démocratique à la communauté noire. *La Case de l'Oncle Tom* et Marilyn Monroe représentaient pour moi ce pays, sur fond d'histoires de chercheurs d'or et de rockers déchaînés.

La tranquillité et la paisible harmonie de ce petit morceau d'Amérique où je débarque un soir de février ne coïncident pas avec ce que j'imagine. J'abandonne donc toutes les idées reçues, et je pars à l'aventure.

Dès le lendemain matin, Anne Sterling, membre dynamique de cette communauté rurale, m'entraîne à participer à ses activités. Toute la journée, reçue et fêtée par les grand-mères, photographiée en compagnie des bébés dans les colonnes du journal local, j'ai l'impression d'être une sorte de vedette, invitée à mettre en valeur les vertus domestiques à la française. Je me sens dans l'ambiance chaleureuse de partage du pain et du sel, en usage dans les sociétés pionnières.

J'ai retrouvé cette sensation au cours des années qui ont suivi, dans toutes les situations et au contact des différentes catégories sociales avec lesquelles j'ai voisiné. C'est, pour moi, la marque de l'Amérique.

Et le téléphone commence de sonner : l'ami de Cornell peut payer deux cours de cuisine à la petite fermière de France. Celui de Buffalo, avocat et gourmand, décide le gérant d'un magasin de produits alimentaires de luxe à m'ouvrir sa boutique. Et puis la télévision locale veut une mousse au chocolat en direct... Et sou par sou, le prix du billet de car pour l'Ohio sort de ce tourbillon. Mais auparavant, mes nouveaux amis me réservent une surprise, à la fin de la semaine, dans la ville de Rochester.

Je suis arrivée depuis quinze jours. Anne, qui parle très bien le français, fait écran entre ma peur et la vie quotidienne. Je ne comprends pas toujours tout, mais elle m'explique l'essentiel, et je n'ai pas assez d'yeux et d'oreilles pour appréhender le reste. Je dors sur le canapé, lorsqu'on m'en laisse le temps, et je me familiarise avec la forme des casseroles et des ustensiles de cuisine. Je peux dire bonjour, merci et répondre succinctement aux souhaits de bienvenue. J'identifie les viandes, selon leur découpe bien différente, sur les étals des supermarchés, et j'ai découvert l'extraordinaire diversité des pizzas. Je m'acclimate.

Au jour dit, nous partons en voiture pour Rochester. Cette petite ville du nord a pour particularité de voir, chaque année, entre deux mètres et deux mètres cinquante de neige, ralentir une activité citadine déjà tranquille. Son école de musique est célèbre, et plusieurs grands artistes préfèrent vivre et créer dans cette ambiance provinciale plutôt que de participer à la frénésie new-yorkaise.

Juste avant d'arriver, nous nous arrêtons chez une amie d'Anne. Nous nous changeons et nous habillons pour honorer l'invitation à dîner dans le plus beau restaurant de la ville. Ma blouse Kenzo en soie craquante, vert pomme à revers fuchsia, me rend à mon état de Française et me fait presque parisienne.

Le très élégant restaurant-galerie d'art est bourré à craquer. De très beaux hommes en habit me baisent le bout des doigts, les dames en bijoux me parlent aimablement, les photographe s'activent. Mais qui attend-on ?

Je finis par comprendre que je suis la star, lorsque le maire me remet les clefs de la ville. Un immense athlète noir à la voix puissante se dirige vers moi, me prend dans ses bras, me serre à m'étouffer, et me dit : « Bienvenue, vous êtes ma sœur de France, je suis Paul Burgett, le frère de Cathy. »

Paul Burgett, grand musicien, ami des artistes et des célébrités de la ville, est le frère aîné de la jeune stagiaire qui a passé plusieurs mois à La Borderie. Sa sœur habitant désormais la Californie à cinq mille kilomètres, il a décidé d'aider à organiser pour moi « la réception » qu'elle aurait souhaité me réserver. La compagnie conviée au dîner, composé d'artistes de renommée internationale, parle un peu le français. Le menu, dessiné autour des meilleurs produits de la région, me laissera surprise et ravie.

Dès le lendemain, je pars seule, par le premier autocar, et sans interprète, vers l'Ohio, à six cents kilomètres de là. Lors de son premier séjour aux États-Unis dans la ville de Buffalo, ma fille Julia a découvert ces ailerons frits qui portent le nom de Buffalo Chicken Wings (ailes de poulet à la mode de Buffalo, et non ailes de poulet à la Buffalo Bill, comme je l'ai trouvé plaisamment traduit dans un pseudo-restaurant américain du quartier Beaubourg à Paris). Elle s'en est tellement gavée, qu'elle est rentrée après un séjour de six semaines, en portant six bons kilos supplémentaires, qu'elle avait logés un peu partout, mais surtout dans les joues. Cent grammes par jour ! Mais elle nous a avoué en avoir mangé jusqu'à quarante à elle toute seule, et très souvent. C'est vous dire si c'est bon...

The Buffalo Chicken Wings

Le marché pour 6 à 8 personnes
20 ailerons de poulet
1 litre d'huile pour friture
200 g de bon roquefort
150 g de crème fraîche liquide
Tabasco, sel au céleri
beurre doux
sel fin

• Écraser le roquefort à la fourchette et, en le mélangeant avec la crème liquide, en faire une pâte un peu granuleuse. Réserver au frais.

• Découper chaque aileron de poulet, de façon à obtenir deux morceaux de 5 ou 6 cm de long. Sectionner au point de jointure de ce qui correspondrait au poignet et au coude, dans le bras humain ; ne pas garder la troisième partie qui correspond à la main, car elle est trop sèche.

• Préparer un récipient avec couvercle hermétique (par exemple boîte en plastique alimentaire), y mettre une grosse noix de beurre, une forte pincée de sel au céleri et une dizaine de gouttes de Tabasco.

Plonger par petites quantités, environ six à la fois, les ailerons dans l'huile bien chaude. Au bout de 5 minutes, ils sont dorés, les sortir, les égoutter sur un papier absorbant, et, lorsqu'ils sont encore bien chauds, les mettre dans la boîte en plastique fermée, et agiter la boîte en tous sens. La chaleur, en faisant fondre le beurre, permettra aux ailerons frits de se couvrir uniformément de l'assaisonnement.

• Servir avec la sauce au roquefort. N'oubliez pas les serviettes en papier ! Ces ailerons bien chauds sont très agréables à déguster pour accompagner l'apéritif ou en guise de début de repas, en attendant les derniers invités (comme ceux-ci n'auront pas le temps d'en manger plus d'un ou deux, la fois d'après ils seront à l'heure, j'en ai fait l'expérience !)

* * *

La petite ville de Hudson, aux maisons de bois coloré, m'inspirera un nouveau rêve, à ce jour non réalisé : habiter un moment dans une maison en bois peinte de toutes les nuances de gris...
Célèbre par les tragiques manifestations pacifistes des années 60 à l'université, cette charmante et paisible bourgade est située au centre d'une riche région agricole. Un grand magasin de casseroles, au centre duquel trône une école de cuisine, tient la place d'arbitre des élégances en gastronomie. L'école de cuisine est assidûment fréquentée. J'y serai invitée tous les six mois pendant trois ans.

Au milieu des années 70, un immense intérêt pour l'art culinaire s'est développé aux États-Unis. Comme tout élan commercial y est vif et vigoureux, plus de trois mille écoles de cuisine fleurissent à travers le pays. Elles sont pratiquement toutes conçues sur le même modèle : obéissant au principe du « tout en un », elles proposent en même temps que les cours de cuisine, un assortiment aussi large que possible de casseroles et autres ustensiles. Souvent, elles disposent d'un petit espace où déguster les « folies » du moment : quiches à tous les parfums, croissants garnis, etc.

Ces derniers, délicieuse pâtisserie créée par les boulangers de Vienne en 1689, s'imposent très tôt sur la table des petits déjeuners français. Mais le croissant trouve aux États-Unis, dans les années 70, sa voie royale, bourré de crevettes, mayonnaise, tranches d'avocat et autres stupéfiantes inventions. Par effet boomerang, cette peu ragoûtante version yankee nous est revenue ces dernières années. Les écoles de cuisine n'attirent pas les grands chefs français qui exportent leur art vers le Nouveau Monde. Trop simples, pas assez prestigieuses, elles ne leur semblent pas présenter les caractéristiques d'une réussite professionnelle souhaitée. Elles furent pour moi un formidable terrain d'exploration sociologique et ethnologique. D'une façon déterminante, elles décidèrent de mon amour pour l'Amérique et pour les Américains.

Dans la majorité des cas, elles furent créées et dirigées par des femmes, qui s'emparèrent de ce fief qu'on leur abandonnait : la cuisine et son enseignement. En s'adressant à la clientèle populaire, elles véhiculèrent l'idée d'une gastronomie naissante. Elles alimentèrent, en renseignements de toute nature, celles et ceux qui se sentaient une âme de responsables des fourneaux, et elles encouragèrent les convives à se diriger vers les restaurants qui s'ouvraient un peu partout.

Quant à moi, au fil des années, j'y rencontrai tous les membres de la chaîne de la cuisine. Le fermier qui apprend à faire pousser les haricots verts, à qui j'explique les bonnes périodes de cueillette ; le cuisinier qui a des difficultés avec la sauce hollandaise ; les ménagères qui guettent, anxieuses, mon appréciation de la sauce bolognaise comme la faisait leur grand-mère. Tous ces gens montrent un intérêt passionné et m'apprennent en réalité beaucoup plus que je ne leur apprends.

En 1990, de passage à New York, mon bon ami Peter Kump m'invite chez Vince and Eddy's, le restaurant branché du quartier de l'Opéra. Il me dit simplement que le chef me connaît et qu'il est ravi de me revoir. À la fin d'un dîner délicieux, un géant souriant et timide s'approche de notre table. Son attitude légèrement courbée me rappelle immédiatement un jeune assistant, dont j'avais remarqué l'intense intérêt, sept ans auparavant. Après avoir traité lui-même notre commande, il nous offre le repas, en souvenir, nous dit-il, de mes encouragements à quitter la voie où ses parents l'engageaient, le droit, pour son rêve : faire la cuisine. Ce que je lui avais dit alors l'avait soutenu au long de ces années : « Tu veux le faire ? Eh bien, fais-le. »

Rétrospectivement, je me suis légèrement mordu la langue, tout de même assez ravie au fond d'avoir arraché un avocat à sa corporation, au bénéfice de la bonne cuisine.

* * *

La soupe de clams du pêcheur de Nouvelle-Angleterre

Le marché pour 6 personnes
1 kg de clams et leur eau
250 g de poitrine de porc salée
1 gros oignon
5 ou 6 pommes de terre
1 litre de lait
50 g de beurre
sel et poivre

- Ouvrir les clams, les nettoyer et garder leur eau, en la passant à travers une passoire fine.

- Couper le porc en très petits morceaux, et les faire fondre doucement à la poêle, puis frire jusqu'à ce qu'ils soient craquants.

- Ajouter l'oignon émincé, laisser cuire 5 minutes.

- Ajouter les pommes de terre pelées et coupées en cubes moyens, mouiller avec l'eau des clams et recouvrir d'eau.

- Faire cuire pendant 10 minutes et égoutter.

- Verser la préparation dans une casserole en émail, ajouter le lait et le beurre en petits morceaux. Assaisonner et cuire pendant 10 minutes.

- Quand les pommes de terre sont cuites, ajouter les clams et laisser frémir 3 minutes.

* * *

Je suis aux États-Unis depuis trois semaines, j'ai déjà quatre ou cinq vols à mon actif et les aéroports n'ont plus de secrets pour moi !
Si je sais déchiffrer et utiliser la presque totalité des panneaux indicateurs, les mots prononcés forment toujours un bloc confus. Il me faudra presque deux mois pour enregistrer que « scadjuaule », qui s'écrit « schedule », signifie « horaire ».

À Chicago, une télécopie m'attend. Depuis Paris, Gregory me prévient que : « Madame Foie Gras, invitée spéciale du chef, est attendue pour le dîner, samedi, au restaurant X. Prière de téléphoner ». Assez intriguée, je suis secrètement réjouie de cette nouvelle situation insolite. Un ami m'accompagne, après m'avoir expliqué que le restaurant en question est un endroit extrêmement élégant, dont le chef, d'origine espagnole, est la coqueluche du moment.

Le dîner, sans grande originalité, mais très courtoisement servi, ne nous éclairera pas sur le motif de cette invitation. Le dessert arrivera, accompagné d'un billet d'avion aller et retour pour Washington et de cinq cents dollars. En me l'apportant, le chef me précisera qu'il a un ami français propriétaire d'un restaurant à Washington et d'une ferme proche, qui aimerait monter un élevage d'oies. Pourrais-je distraire deux jours de mon programme pour aller le conseiller ?
Notre hidalgo s'imagine déjà le premier chef américain à servir un foie gras fait maison ! Bien sûr, j'irai, mais un peu plus tard ; car je dois me rendre à San Francisco pour une semaine.

Premier contact avec la douceur de vivre californienne, la baie sous le soleil reste l'un des plus beaux endroits que je connaisse. James Nassicas, propriétaire d'un fastueux hôtel, me demande au cours d'un dîner ce qu'il peut faire pour me rendre le séjour agréable dans sa ville. Mon voisin de table lui rétorque tout de go : « Invite-la dans ton hôtel. » Sans plus de façon, avec ma sœur venue de France, nous nous installerons dans la plus belle suite de l'établissement. Baignoires immenses en marbre, robinetterie en or, jacuzzi, champagne, saumon, caviar, orchidées et fruits exotiques constamment renouvelés, ce luxe extrême fait un plaisant contraste avec le divan dépliant que nous venons de quitter.
C'est également la première fois qu'il me sera demandé de conduire (une voiture automatique pourrie) dans

les fameuses rues en escaliers. J'achèterai aussi à ce moment-là mon premier livre de cuisine en anglais *The Victory Garden Cookbook*. La couverture arborait un fastueux panier de légumes, surmonté du visage radieux et souriant d'une belle et plantureuse jeune femme, Marian Morash. L'année d'après, je la reconnaîtrai dans l'assistance d'un très sélect cours de cuisine à Boston. Je m'inspirerai de ses audaces potagères, parce qu'elles auront le mérite à mes yeux de présenter un caractère d'authentique rusticité.

* * *

Les paupiettes de poisson aux épinards

Le marché pour 6 personnes
1 kg d'épinards
1 oignon moyen
100 g de beurre
6 filets de poisson blanc
sel, poivre et noix muscade

La sauce au citron :
parures de poisson blanc
200 g de crème fraîche
1 citron

- Faire revenir l'oignon émincé et les épinards blanchis et hachés dans une casserole à fond épais. Lorsqu'il n'y a plus trace d'humidité, ajouter 50 g de beurre en tout petits morceaux, la noix muscade, assaisonner et laisser cuire 5 minutes

- Beurrer de petits ramequins pouvant aller au four, et tapisser la paroi d'un filet de poisson.

- Disposer au milieu le hachis d'épinards, en ajoutant au centre une noisette de beurre. Couvrir d'un papier d'aluminium, et cuire au bain-marie pendant 15 minutes.

- Mettre les parures de poisson dans l'eau froide, et porter à ébullition en écumant, laisser frémir 30 minutes.

- Ajouter 1/4 de litre de cette infusion de poisson à la crème et laisser cuire pendant 15 minutes. Assaisonner avec sel et poivre, et ajouter le jus du citron, au goût. Réserver.

- Démouler les paupiettes en les retournant et les servir arrosées de la sauce bien chaude.

* * *

« **P**our la deuxième année, je peux t'organiser un cours à Boston. Mais attention, si tu fais une bêtise, tu peux dire adieu aux écoles de cuisine. » Je garde en tête cette recommandation de Gregory. Je suis à Boston, soixante personnes sont annoncées pour l'après-midi. L'atmosphère ressemble à celle qui précède un examen.

The Boston Culinary Guild, groupe culinaire dont l'ancienneté et la compétence sont admirées à travers le pays, vient pour entendre parler du foie gras. La nouveauté du sujet les a incités à glisser une invitation à la petite Française inconnue, au milieu d'un programme de célébrités. Je vois entrer la grande Julia Child, amicale. On me signale des chefs très connus, plusieurs journalistes... Pour moi, c'est quitte ou double. J'ai le trac.

Je dispose de deux heures pour parler du foie gras, expliquer trois recettes, et les réaliser devant les participants. La dernière demi-heure est occupée à faire circuler, sur de petits plateaux individuels, une portion dégustation, et à répondre aux éventuelles questions. J'ai préparé un énorme cassoulet au confit, des terrines de foie de canard et un pasti aux noix.

Maintenant, je parle un peu anglais, juste assez pour faire les plus grosses bêtises.

Je commence par me présenter. L'ambiance est mondaine et courtoise. Je suis attirée par un beau visage de femme dans l'assemblée. Je reconnais Marian Morash. Je raconte à tous qu'elle est responsable de mon premier achat de livre de cuisine en anglais, car j'ai été attirée par la beauté de son portrait en couverture. Cette célèbre cuisinière de quarante ans rougit délicieusement sous le compliment. Tout le monde devient coopératif et amical, ponctuant mes phrases de sonores « Bienvenue Danièle », selon les sympathiques habitudes de ce genre de rencontres.

Je sais qu'un dosage adéquat de simplicité et d'enthousiasme fera passer des compétences culinaires certainement limitées. Alors, souhaitant exprimer mon admiration, et expliquer pourquoi je suis intimidée, je raconte que l'on m'a prévenue que toutes les personnes ici présentes sont terribles, je veux dire sensationnelles. Mais terrible est un de ces faux-amis dont il faut plus que se méfier. En anglais, il signifie horrible. Un silence stupéfait et pesant glace l'atmosphère.

Alors les bras en l'air, en signe de reddition, je me lance dans la grande allée centrale parmi l'assistance statufiée, et je dis en français : « J'ai dit une grosse sottise, je ne sais pas laquelle, qui peut m'aider ? »

En toutes circonstances, les Américains plébiscitent l'audace. Julia Child, Madame la Grande Cuisine en Amérique, saute littéralement à mes côtés, et se lance dans une désopilante histoire de faux-amis de la langue française. Sa voix haut perchée, très célèbre à la télévision, fait un tabac. Tout le monde est mort de rire.

C'est le succès. Le foie gras est un sujet passionnant. Mon cassoulet est le meilleur. Le Périgord est la plus belle région de France. Et moi, je suis qualifiée par un journaliste de *Hot Ticket* (littéralement « ticket chaud », approximativement : sacrée bonne femme).

Cette mémorable après-midi me servira de leçon, et de tremplin pour les années qui suivront. À la place des deux heures et demie convenues, je resterai quatre heures, à collectionner les propositions de travail, les demandes d'interviews, les invitations à dîner. Tel chef d'entreprise voulait envoyer sa fille dans une famille pour une année. En échange, il invitait l'un de mes enfants ; mais il voulait aussi connaître la différence entre l'aïoli et la rouille. Un journaliste désirait une liste de mes meilleurs bistrots, un autre la recette du fraisier. Un agent de voyages se demandait si on pouvait emmener un groupe de deux cents personnes visiter le Périgord. Un directeur de chaîne d'hôtels m'engageait tout de suite pour huit jours en Floride. C'était facile et plaisant de me retrouver dans cette ambiance conviviale comme grande ambassadrice de ma région et de son art de vivre. Dont un des représentants remarquable est M. Pecouyoul.

M. Pecouyoul, agriculteur et agreste gourmand, participe au repas qui nous réunit, le jour du cochon, entre la tuerie et l'élaboration du boudin. Il élève chaque année deux sujets, pour ma famille. Je lui téléphone, au début de la saison, pour lui confirmer notre commande ; je lui rends visite au cours de l'été pour constater la gourmandise des deux jeunes cochons, déjà dodus et renflés aux bons endroits ; la transaction commerciale, dont on ne parle même pas à la commande, a lieu après que nous avons dégusté la « grillade », et qu'elle a été reconnue conforme à la tradition. Il ne faudra pas moins de trois années pour qu'il me fasse la faveur de me donner, avec des airs de conspirateur gourmand, les explications de son gâteau aux noix.

* * *

Le gâteau aux noix de M. Pecouyoul

Le marché
8 œufs très frais
200 g de chocolat Menier
2 verres de lait entier
1 verre de sucre
250 g de noix
1 sachet de levure

- Battre les jaunes d'œufs avec le lait, ajouter 1/2 paquet de levure, et mélanger pour faire une pâte lisse et homogène.

- Monter les blancs en neige ferme, avec le sucre.

- Ajouter aux blancs, avec précaution, les noix hachées fin mais pas broyées, le chocolat râpé, la levure restante.

- Dans un moule à bords hauts, de 26 cm, huilé ou beurré, déposer la moitié de l'appareil jaunes d'œufs, puis le mélange à base de blancs, et enfin l'autre moitié de l'appareil jaunes.

- Enfourner à four doux (160°) le plat déposé dans un bain-marie tiède, et laisser cuire 30 à 40 minutes.

***

À Philadelphie, je retrouve Catleen Mullern que j'avais vue à La Borderie et qui n'est pas encore devenue mon amie. Elle m'a demandé de venir pour donner des idées à ses chefs, sous forme de cours de cuisine.

Le dîner auquel elle nous convie ma sœur et moi, la veille au soir, me terrasse. Dans son très élégant restaurant, les chefs-d'œuvre d'art populaire couvrent les murs. J'apprends que les chatoyantes reproductions de canards sauvages grandeur nature, en bois peint, sont des pièces de musée. La richesse des coloris et la délicatesse des sculptures sont dans la note de l'extrême raffinement du menu. Je suis complètement bluffée et inquiète. Tout en dégustant de parfaites réalisations, je me demande ce dont je serai capable le lendemain. Mes listes de plats me paraissent dérisoires, et elles le sont, au regard de ce qui nous est servi. Catleen abat une partie de ses cartes la première. Elle me propose trois cents dollars pour trois heures de mon temps. C'est le double de ce à quoi je suis habituée. Elle n'attend pas de réponse, c'est comme ça.

Le lendemain matin, dans la merveilleuse cuisine de l'une de ses employées, elle abat la seconde partie de ses cartes. Trois de ses chefs arrivent avec tout ce qu'ils ont trouvé aux halles. Il y a là perdrix, pigeons, lapins, poulets, chapons ; des herbes et des fruits de toutes sortes, des légumes magnifiques, plusieurs bouteilles de vin, une pièce de bœuf et même un demi-agneau.

En bonne gagneuse, sûre d'elle-même, elle attend. Ses employés, eux, attendent de voir d'où va souffler le vent...

Là, c'est trop ! Je me tourne vers ma sœur, venue en visiteuse, et je lui dis :

« Tu vois ce que je vois ?

– Je vois... »

Ma sœur est une merveilleuse cuisinière. Peu tentée par la réalité professionnelle, elle cuisine comme elle aime les gens, avec raffinement et discernement.

Je demande dix minutes, qui me sont accordées, accompagnées de la part de Catleen d'un regard rusé et amusé. Je m'adresse à ma sœur :

« J'ai le choix entre choisir quelques ingrédients et faire trois plats. Ou bien, on s'y met toutes les deux et on utilise tout, en trois heures. »

Avec mon incomparable coéquipière, nous présentons sur le champ une liste d'ingrédients supplémentaires, et nos conditions :

« OK pour trois cents dollars en trois heures. Nous allons tout utiliser, mais le ravissant fourneau victorien et l'évacuation paresseuse de l'évier vont nous faire perdre du temps, donc nous ne pourrons ni parler, ni expliquer. »

Catleen, toujours amusée, mais maintenant intriguée, acquiesce et me demande à son tour dix minutes, que j'emploierai à faire la mise en place. Toute à ma concentration, je vois vaguement arriver trois ou quatre personnes avec des carnets de notes.

Nous commençons.

Deux heures cinquante-cinq plus tard, ma sœur et moi présentons vingt-deux préparations différentes, qui vont de la terrine de perdrix à la tourte aux champignons, en passant par un gigot farci aux rognons. Et, parce que le lapin est un sujet délicat (aux États-Unis, on n'en mange pas), il y en a trois recettes différentes. En gibelotte, aux pruneaux, en civet. (Nous avons compensé l'absence de sang de lapin, introuvable, par du sang de porc. Je voulais mettre la balance à niveau avec Catleen, en lui posant une réelle difficulté avec ma liste d'ingrédients supplémentaires. Elle avait sauté l'obstacle, nous aussi.)

Catleen, conquise et grande dame, fit venir du champagne, me donna sur-le-champ mes trois cents dollars et (hiérarchie oblige !) cent cinquante à ma sœur.

Les Américains, des cow-boys mangeurs de hamburgers ?

* * *

Le civet de lapin

Le marché pour 6 à 8 personnes

1 beau lapin de 1,8 à 2 kg
4 ou 5 oignons moyens
1 bouteille d'excellent vin rouge
4 échalotes grises
2 gousses d'ail
1 cuil. à soupe de farine
1 clou de girofle
1 morceau de sucre
3 cuil. à soupe de cognac
200 g de couenne de lard
2 cuil. à soupe de graisse d'oie
125 g de lard gras salé
125 g de jambon de pays coupé épais
rondelles de pain grillé
persil, thym, laurier, 1 brin de romarin,
1 brin de serpolet pour un bouquet garni
1 petite poignée de gros sel de Guérande,
poivre du moulin, quatre-épices
Autant que possible, le sang du lapin,
mêlé à un peu de vinaigre

- Découper le lapin.

- Après en avoir retiré le fiel, mélanger le foie au mixeur avec le sang du lapin (du sang de porc fait l'affaire).

- Dans une cocotte à fond épais, faire revenir les morceaux de lapin de tous côtés, avec les dés de jambon et les oignons.

- Lorsque le lapin a pris une bonne couleur, flamber dans une casserole une bouteille d'excellent vin rouge avec le cognac, puis saupoudrer avec la farine. Ajouter une pincée de quatre-épices, et une bonne dose de poivre.

- Tourner les morceaux dans la cocotte, et verser le vin flambé.

- Ajouter l'ail, les échalotes, le bouquet garni et 1 clou de girofle attachés, plus un morceau de sucre.

- Foncer une cocotte ou une daubière à lièvre avec la graisse et les couennes de lard, plus le lard gras coupé en petits dés. Y verser la préparation.

- À partir de ce moment-là, entretenir un feu doux régulier, pendant 1 heure à 1 heure 15 sans soulever le couvercle du récipient. Dégraisser soigneusement.

- Porter à très douce ébullition, ajouter le foie et le sang, réduire le feu autant que possible, laisser mijoter 10 minutes de plus. Servir très chaud. Les rondelles de pain grillées, très légèrement aillées, ainsi qu'une bouillie de maïs, cuite à la façon d'une polenta, accompagnent particulièrement bien le civet.

* * *

Je trouverai en Catleen une amie fidèle et attentionnée. Sa grande réputation fera que les recommandations, qu'elle ne me ménagera pas, me seront très précieuses. Mais nous prenons le train en direction de New York, pour la dernière étape de mon premier grand voyage.

En arrivant chez Charles Pierce, à SoHo, dans le quartier branché, nous entrons dans la vie typiquement new-yorkaise, avec cependant toutes les marques de la légendaire hospitalité du Sud.
Dormir sur un futon, dans un loft à New York, chez un natif de Géorgie, fut pour moi le point culminant du dépaysement.
Bienséance, civilité, charme, courtoisie, tous ces mots à l'ancienne ne traduisent qu'approximativement l'hospitalité des gens originaires du sud des États-Unis. Ils possèdent à un degré suprême l'art de recevoir, de mettre à l'honneur leurs hôtes. Ce séjour fut rafraîchissant, diaphane et léger, et servit d'écran protecteur entre New York la trépidante et moi.
Effrayée par tout ce que m'avaient raconté ceux qui n'aiment pas cette ville, je marche au début sur la pointe des orteils. Mais j'apprendrai vite à poser mes deux pieds bien à plat, et à me sentir parfaitement à l'aise dans

l'énergique ambiance de la « Grosse Pomme ». J'y ferai des rencontres merveilleuses et participerai à toutes sortes d'expériences inoubliables.

Constitué de défis renouvelés à chaque coin de rues, j'assimile le style New York, fait d'audace, de courage, et où le succès est admiré. Il faut faire vite, fort, et très bien. Par touches, à la manière impressionniste, cela me convient.

Ainsi m'a-t-on rapidement classée comme une Française, OK, mais surtout française. C'est-à-dire efficace sur le terrain professionnel, mais déterminée à jouir de tous les instants de la vie. C'était ma piste, je l'ai compris à ce moment-là, et je me suis mise à la suivre.

Peter Kump m'ouvre, dès notre première rencontre, les portes de son école et, par la suite, me convie à participer activement aux plus prestigieuses manifestations culinaires du pays.

Paula Wolfert journaliste, auteur de l'excellent livre *La Cuisine du Sud-Ouest de la France*, m'invite, m'explique, cherche pour moi des informations, m'aide en tout, dans un domaine voisin du sien, sans jamais me donner à penser que je peux lui être de quelque ombrage.

Stéphanie Curtis, journaliste rencontrée plusieurs années auparavant à Paris, m'héberge dans son appartement de Central Park, quand mes ressources sont si basses entre deux contrats, que ma nourriture quotidienne se résume à deux livres de pommes granny-smith (et le fait que cela ne me fait pas maigrir, ne m'amuse même pas). Elle donne aussi l'hospitalité à mes enfants en transit, sans jamais me faire remarquer que nous grignotons un peu trop son espace vital.

Dès cette première année, le tissu des rencontres prendra forme.

J'ai défini ma direction, il est temps de rentrer à la maison pour organiser la suite.

* * *

Le poulet rôti de Charles

Le marché pour 6 personnes
1 très beau poulet de 2 kg environ
Des petites pommes de terre (rosa ou charlotte)
1 grosse tête d'ail
beurre, sel et poivre mélangés

- Chauffer le four à 210°.

- Préparer le poulet, le saler et poivrer à l'intérieur, le beurrer légèrement sur la peau.

- Beurrer copieusement un plat à four assez large pour contenir le poulet et la garniture.

Peler et couper les pommes de terre en morceaux de la taille d'une grosse noix. Éplucher les gousses d'ail.

- Déposer le poulet sur le plat et enfourner pour 20 minutes.

- Puis arranger les pommes de terre dans le plat, en les faisant rouler avec une fourchette dans le jus et le beurre pour les enrober. Si le poulet n'a pas donné encore son jus, ajouter 1 dl d'eau. À ce stade, saler et poivrer. Enfourner de nouveau pour encore 20 minutes.

- Puis ajouter les gousses d'ail entières tout autour du poulet, en les mêlant aux pommes de terre, et en les tournant dans le jus.

- Remettre au four en s'assurant qu'il reste du jus, sinon ajouter encore 1 dl d'eau, baisser le four à 190°.

- Poursuivre la cuisson encore 30 minutes pour un poulet bien cuit, et 20 minutes pour une chair encore rosée.

- Découper le poulet, le disposer sur le plat de service et dresser les pommes de terre à l'ail au centre du plat. « Elles sont moelleuses, ont pris tout le jus du poulet. C'est complètement délicieux », explique Charles.

* * *

Afin de rester en contact avec les enfants, et pour relier mon aventure personnelle au contexte familial, je me suis essayée à tenir une sorte de journal de voyage, dont j'ai envoyé les premières pages à la maison. Mais la discipline que cela implique est souvent incompatible avec ce que je vis.
Par ailleurs, exprimer mes craintes, mes doutes et mes échecs sans avoir eu le temps d'en tirer les enseignements, me fait plus de mal que de bien et faire participer

les enfants à tous les aléas de mon voyage n'est pas forcément une bonne chose pour eux. Aussi ai-je rapidement cessé. Cette décision est bénéfique à tout le monde et les quatre enfants ont enfin le choix entre grandir par eux-mêmes ou rester sur la berge du ressentiment à mon égard. Ils ne sont plus des bébés, et chacun disposant de sa liberté, nous abordons un nouveau style de relations mère-enfants, dans lesquelles je n'ai cessé, depuis, de puiser des forces nouvelles.

Forces dont je vais avoir besoin pour faire face aux nombreux départs qui suivront, via Barcelone, où ma sœur, avec toujours le même fidèle soutien, me conduit en voiture. Paris, plaque tournante aérienne trop chère, est de toute façon tout aussi éloignée de la maison. Le budget familial, grosso modo organisé pour un temps défini, et confié à ses soins, je vais faire la fermière-cuisinière, devant des gens qui me paient pour ça.

J'apprends, en cette année 1984, que depuis quelques mois, « une » ferme assure le gavage des canards aux États-Unis. Un article du *Wall Street Journal* diffuse l'information jusque dans le Périgord.

Black-out complet chez les conserveurs français. Les Américains ont osé les copier !

En suivant la ligne des ragots, en employant des méthodes dignes de détectives privés, grâce à mes amis américains, je finis par localiser ces producteurs dans le nord de l'État de New York. Je leur rends visite et les persuade aisément que je suis la seule personne capable de leur assurer la publicité dont ils ont nécessairement besoin pour ouvrir ce marché difficile sur leur propre territoire. Ce sont des hommes d'affaires qui, après avoir fait fortune dans l'immobilier, s'essaient à la production de foie gras de canard. Je suis la première à leur faire une telle proposition. Nous sympathisons : ils acceptent de sponsoriser mes tournées et de m'envoyer gratuitement, et à leurs frais, du canard et du foie gras, dans toutes les écoles qui m'invitent.

Et je repars à travers les États-Unis, à la rencontre de personnages aussi divers que ce grand pays : une pâle copie des parrains de la mafia, et quelques autres moins pâles ; des Texans plus vrais que dans le feuilleton *Dallas* récapitulant des recettes pour leur nounou noire ; des *golden boys* drogués au Dow Jones, s'initiant fiévreusement à la dégustation de produits de luxe ; des comédiens faméliques, à New York, et des milliardaires frais du jour, en Californie.

Il y a l'école de cuisine de Bâton Rouge, où aucun four n'est prévu pour cuire le coussin de poularde à la quercynoise, et où la jeune fille de la maison assortit ses tenues vestimentaires en piochant sans façon, et à mon insu, dans mes bagages.

Il y a la rencontre de l'explorateur exclusif de Perrier, un Français d'une soixantaine d'années, naturalisé américain, milliardaire, et qui dégage un profond ennui.

Il y a les grands chefs américains qui ouvrent leur porte et leur savoir, et les grands chefs français qui gardent fermée l'une et l'autre.

Il y a l'énorme entreprise allemande de salaisons, subitement désireuse de faire un malheur avec le foie gras. Et je me mets à considérer sérieusement de m'établir à New York. Jusqu'à son désintérêt tout aussi subit et surtout sans appel.

Il y a la beauté du marché fermier d'Atlanta et de celui de Seattle, avec le souffle des cachalots dans la baie, et les jardins d'herbes fines dans les plaines.

Il y a la splendeur des forêts du Montana et les terribles forces du Pacifique sur les plages californiennes, et celles encore plus extraordinaires de l'Atlantique sur les rochers de Cape Cod. Les barbecues de homard sur les plages, et la descente très effrayante des rapides du Colorado.

Il y a la balade de deux jours sur les traces des chercheurs d'or, sur le grand plateau près du Nouveau-Mexique, dans le petit train remis en service. J'y verrai *desjackrabbits*, des lapins, pas du tout effarouchés, grands comme des petites chèvres : à notre demande, le conducteur arrêtera le train près d'une colline couverte de cèpes. Vincent, mon fils aîné, qui traversera deux ou trois fois le pays en car, le résumera en ces termes : « C'est très formidable, mais surtout très long. C'est superbe aux deux bouts. Dans le milieu, tu regardes quinze minutes, et tu peux dormir pendant quatre jours : c'est maïs, céréales, maïs, maïs... »

Les enfants viendront tous, chacun leur tour, pour des séjours allant de deux mois à un an. Nous nous retrouverons au hasard de mes contrats de travail, dormant parfois sur la moquette chez une amie, et parfois dans la suite réservée aux stars. Les petits boulots qui leur sont trouvés par les amis permettent de payer les autobus.

Au fil des séjours, je prends de la bouteille. En étudiant l'anglais et les règles du pays, j'apprends à me vendre. Mes interlocuteurs changent. Mon cher ami Peter de New York me recommande comme la reine du foie gras. Robert Mondavi, le pape du vignoble californien, m'honore de son amitié protectrice, et m'invite en même temps que Pierre Troisgros. La grande Julia Child m'embrasse dans les dîners de prestige. Il arrive que l'on me reconnaisse dans quelques réunions professionnelles. Trois ans après avoir participé à Toronto, petite Française inconnue et muette, à la plus importante manifestation de l'Association des professionnels en cuisine d'Amérique du Nord, je me retrouve chargée d'organiser et d'animer une après-midi du séminaire de trois jours, lors des assises à Washington de cette association. Trois cents participants pour cette demi-journée consacrée au foie gras et à la truffe, et à laquelle je réussis à faire inviter mes trufficulteurs préférés, M. et Mme Bonnet, de Carpentras.

Je me souviens d'avoir eu l'opportunité de nommer publiquement tous ceux qui m'avaient aidée. J'étais fière de constater que les plus célèbres, dont beaucoup étaient présents dans l'assistance, semblaient heureux de partager mes remerciements avec les autres.

Et puis aussi, il y eut le plaisir de rencontrer des personnalités, comme Placido Domingo et Gaston Lenôtre.

Invitée à sabler le champagne par le concierge du prestigieux hôtel Pierre de New York, à l'occasion de mon quarante-troisième anniversaire, j'ai eu le plaisir de faire connaissance avec ces stars de la jet-set.
Gaston Lenôtre et moi avons bien épaté les autres convives. Nous avions en commun de tous les deux savoir traire les vaches, et faire le beurre et le fromage blanc.

* * *

Le coussin de poularde à la quercynoise

Le marché pour 6 à 8 personnes
1 belle poularde
250 g de riz
3 œufs
500 g de feuilletage maison
300 g de cèpes frais ou en conserve
foie gras de canard (si possible)
beurre
100 g de lard gras
3 gousses d'ail
250 g de pain
80 g d'oignon (1 oignon moyen)
1/4 de litre de lait
1/4 de litre de crème fraîche

Pour le bouillon :
100 g de carottes
1 oignon moyen
80 g de céleri
100 g de poireaux
1 bouquet garni, sel

Pour la sauce :
100 g de beurre
30 g de farine

Cuisson de la poule :

- Faire une farce pour la poule avec le foie, le lard, le pain trempé dans un peu de lait et les 3 œufs battus. Saler, poivrer. S'il est possible, ajouter quelques cubes de foie gras de canard. Farcir la poule, et la faire cuire dans un bouillon assaisonné, et avec les légumes, pendant environ 1 heure 30 à 2 heures.

Préparation du coussin :

- Dans le feuilletage, préparer deux abaisses carrées de 30 cm de côté et de 1 bon cm d'épaisseur, et les mettre au réfrigérateur.

Préparation de la sauce :

- Dans une casserole à fond épais, faire fondre le beurre, et ajouter la farine en remuant avec une cuillère en bois.

- Mouiller avec 250 cl de bouillon, en ayant soin de prendre sur les bords du faitout le bouillon le plus gras. Laisser cuire en dépouillant constamment pendant 30 minutes au moins.

Cuisson du riz :

- Avec une noix de beurre, faire revenir l'oignon haché jusqu'à ce qu'il blondisse, dans une casserole à fond épais. Y verser ensuite le riz, et le remuer dans le beurre et les oignons, pendant 2 ou 3 minutes. Mouiller avec le bouillon de cuisson de la poule. Assaisonner avec sel et poivre.

- Découper la poularde, la désosser, réserver la farce. Sur une plaque à four épaisse, déposer une abaisse de pâte feuilletée ; disposer une mince couche de riz, puis les morceaux de poule, puis la farce en tranche mince. Recouvrir d'une seconde couche de riz.

- Poser la deuxième abaisse de pâte en ayant soin de bien coller les bords, légèrement humidifiés au pinceau, en les retournant en forme d'ourlet.

- Pratiquer sur le dessus 2 cheminées.

- Décorer, soit avec des motifs exécutés avec la pointe du couteau sur 1 ou 2 mm, soit avec des tombées de pâte. Dorer à l'œuf et mettre à four chaud.

- La cuisson demande de 45 à 50 minutes. Introduire en fin de cuisson 2 ou 3 cuillerées à soupe de sauce au blanc, à laquelle on aura ajouté les cèpes, escalopés finement, et sautés vivement à la poêle.

• Découper le coussin à table, et servir le reste de sauce en saucière.

* * *

Au bout de trois années d'efforts lointains, les dettes fiscales payées, il est temps de faire le point, de réorganiser la vie familiale.
Les décisions que je prends impliquent que je rentre en France. Où trouver immédiatement du travail ? À Paris, bien sûr !
Un jeune ami de mes filles part en Australie et me prête son pied-à-terre parisien : un studio peint de grands panneaux rouge vif et jaune poussin. Je prospecte les possibilités de la capitale pour réaliser, très rapidement, que je ne trouverai rien. Je ne suis pas assez ceci ou pas assez cela. Mon parcours atypique n'intéresse pas.

Une géniale directrice de festival de musique, partant de l'idée que les artistes sont des travailleurs énergiques, et qu'il convient de leur assurer un repos après les concerts, dans un endroit où ils peuvent refaire leurs forces, me propose d'organiser à ses côtés une opération passionnante qui consistera à recevoir à dîner, dans un fabuleux hôtel particulier de Montpellier, une centaine d'invités, dont les artistes de la soirée, chaque nuit pendant trois semaines.

Les fêtes à thème se succéderont, bleu, blanche, italienne, hongroise, mexicaine ou japonaise, au cours desquelles j'aurai le loisir d'apprendre les règles et les exigences du monde des artistes de réputation internationale.
Dominique Descamps me renouvellera sa confiance trois ans de suite. Parce qu'elle sera remerciée sans élégance en 1988, je mettrai un terme à ma participation au festival de Radio France.

Christian Petrossian ne me donnera pas de travail, malgré, me dit-il, l'envie qu'il a de trouver une idée pour moi. Mais il m'offre l'une des plus jolies expériences gastronomiques de ma vie. Le mois de juin, est magnifique et j'ai rendez-vous avec lui à 11 heures. Être admise à se glisser derrière les belles vitrines bleues du boulevard de Latour-Maubourg est en soi une aventure. Il a récemment acheté une affaire de foie gras en Dordogne. J'ai entrevu ses méthodes de vente chez Macy's à New York, et il me semble que nous pouvons nous entendre. Tout de suite, la conversation devient passionnante.
Un portrait de son père jeune homme, accroché au mur du bureau, attire mes regards. Il ressemble à un loup famélique aux yeux de braise. « Mon père et son frère, me raconte Christian, sont arrivés d'Arménie sans rien. Tous deux étaient très jeunes. Il leur a semblé que le caviar pouvait être introduit sur les grandes tables de l'époque. Charles Ritz les reçut, goûta leur produit, et leur dit : "Comme vous êtes jeunes et sympathiques, je vais vous acheter une toute petite quantité, et je vais

vous dire quelque chose qui vous servira : ne vous lancez pas dans ce produit, il n'a pas d'avenir." »

Un sourire éblouissant de mon hôte accueille l'entrée d'une dame très brune, en blouse de fil blanche, poussant une table roulante. Sur le plateau, un gros bloc de glace enchâsse une énorme boîte bleu vif, et deux bouteilles que je reconnais comme champagne et vodka. Et, de façon très naturelle, la dame se met à faire des blinis, sur le coin de la table.

Je n'avais pas eu jusqu'à ce jour une réelle initiation au caviar. Je ne sais si un kilo de Beluga, mangé en regardant les photos des pêcheries spécialisées, en compagnie de Christian Petrossian, peut en tenir lieu. C'était fameusement bon ! Nous goûterons son foie d'oie, que j'aimerai moins.

J'ai appris à faire les blinis de la superbe Brigitte, cuisinière inspirée et pleine de talents, pour accompagner poissons fumés et autres anguilles de mer et, pourquoi pas, le caviar.

***

Les blinis de Brigitte

Pour une vingtaine de blinis
15 g de sucre
400 g de lait
250 g de farine
15 g de levure chimique
5 g de sel
60 g de jaune d'œuf
90 g de blanc d'œuf
15 g d'huile
15 g de beurre fondu

- Faire tiédir le lait.

- Préparer dans une terrine 50 g de farine, la levure, le sel, mélanger.

- Diluer le mélange avec le lait tiède, y ajouter le sucre.

- Ajouter le reste de farine tamisée pour refroidir le mélange.

- Monter les blancs en neige ferme et incorporer, d'abord en tournant, 2 cuillerées à soupe de blancs montés, puis verser le reste et incorporer doucement, toujours en partant du centre.

- Ajouter l'huile, mélanger doucement en soulevant, puis le beurre fondu, toujours avec les mêmes précautions. L'appareil doit être bien homogène. Les cuire à l'instant, pour préserver leur moelleux.

Je les conserve, en les faisant se chevaucher, dans de petits paniers chinois en bambou, et je les fais réchauffer en mettant ces paniers sur une casserole d'eau bouillante.

* * *

Quelques courts voyages améliorent un peu un ordinaire difficile. Un importateur mégalomane, qui a gardé de moi un souvenir d'efficacité, me propose un demi-pont d'or pour me rendre à la grande foire d'Atlanta, en 1987. Je lui apporte en cadeau un grand bocal de mon meilleur foie gras. Mais, à l'aéroport, le douanier, un grand Noir hermétique à toutes suggestions, le projette d'un seul geste dans la poubelle. Deux ou trois ans auparavant, j'aurais pensé qu'il restait encore beaucoup de travail pour faire accepter cette cause. Aujourd'hui, je ne me sens pas vraiment concernée.

J'ai quitté le studio à raies rouges et jaunes. Après un court passage dans l'atmosphère presque provinciale du XVe arrondissement, je tombe amoureuse d'un merveilleux espace dans l'île Saint-Louis. Bien que le loyer soit démesuré par rapport à mes possibilités financières, je me débrouillerai pour l'habiter pendant un an, jusqu'à ce qu'un souhait du président de la République ne m'en retire.

CAHIERS DU TEMPS ÉLYSÉE

J'ai eu dans ma vie plusieurs grands coups de chance, de celle que l'on va chercher, et que les amis proches définissent par « la chance que l'on mérite ». Mais un jour, la chance pure, celle que l'on ne voit pas venir m'est tombée sur la tête.
À la fin de l'été de 1988, j'ai enfin la possibilité de revenir en Périgord. Début octobre, je vais à Paris régler des problèmes d'intendance. Il pleut, pas de métro, c'est la grève. Plusieurs messages sur mon répondeur téléphonique m'indiquent que le président de la Chambre syndicale de la haute gastronomie française, un inconnu, me cherche depuis déjà deux semaines. Une journée frénétique va commencer. Je rencontre de multiples directeurs de cabinet, improbables personnages réfugiés derrière leurs portes capitonnées. L'un d'eux, un très

élégant haut fonctionnaire, l'air du conspirateur renseigné, me suggère même finement de lui rapporter des cèpes frais lors de mon prochain passage à Paris. Je souhaite rentrer chez moi à La Borderie, et je ne parviens pas à comprendre ce qu'ils me veulent. Je saisis seulement que j'ai été recommandée par Joël Robuchon. En fin d'après-midi, j'apprends que le président de la République cherche une femme de la campagne pour sa cuisine. Une cuisinière ! Je comprends alors le sens de l'expression : les yeux qui sortent de la tête, en voyant mon interlocuteur, quand, sonnée par la révélation du nom de mon futur employeur, j'ai accepté, en disant que oui... bien sûr... j'avais envie d'être intéressée, mais qu'il fallait d'abord que je rentre à La Borderie m'occuper des brebis en train d'agneler...

Je sors du palais de l'Élysée. Je téléphone à ma sœur. Je rentre à pied, quai d'Anjou. Je suis étourdie et je pleure un peu... Personne ne regarde, il pleut toujours. L'esprit en déroute, je reprends le train le soir même ; j'arrive chez moi, dans la maison déserte et silencieuse. En me promenant, du jardin au grenier, je cherche des encouragements. Les deux ou trois jours qui suivent sont dominés par la sensation déconcertante et excitante d'avoir fait une grosse erreur. Je ne serai pas à la hauteur, je ne sais pas vraiment faire la cuisine et, d'ailleurs, je n'ai aucune inspiration.

Mais cette opportunité ne se représentera pas. Alors, pourquoi ne pas essayer ? Peut-être avec l'un des grands classiques de la cuisine périgourdine ?

* * *

La daube de la Saint-André à ma façon

Le marché pour 6 à 8 personnes
2 kg de bœuf sans nerfs (dans l'aloyau par exemple)
300 g de couenne de lard gras
250 g de lard gras frais, ou à défaut salé
5 gousses d'ail et 3 échalotes grises
200 g de persil plat
1 oignon piqué d'un clou de girofle
1 bouquet garni
1 bouteille de bon vin rouge corsé
gros sel de Guérande et poivre du moulin

- Préparer un hachis très fin avec le lard gras, l'ail, l'échalote et le persil plat. Le saler, si le lard est frais.

- Couper la viande en tranches régulières, comme des escalopes.

- Foncer une tourtière à feu (appelée royale dans le Périgord) ou une cocotte en fonte, avec les couennes.

- Placer les tranches de bœuf salées et poivrées en couches alternées avec une mince couche de hachis de lard. Continuer jusqu'à épuisement des ingrédients.

• Faire flamber le vin, après l'avoir porté à ébullition dans une casserole, et verser sur le dessus des viandes.

• Ajouter l'oignon piqué d'un clou de girofle et le bouquet garni.

• À découvert, laisser venir à ébullition sur feu doux, puis couvrir et laisser s'arranger les choses sur feu extrêmement doux pendant 7 à 8 heures.

• Dégraissez la daube avant de servir, accompagnée de quelques sobres pommes de terre à la vapeur, peut-être...

* * *

Arriver le matin au palais de l'Élysée pour y commencer une journée de travail n'est jamais devenu pour moi un acte banal. Passer les voûtes d'entrée sous le regard méfiant des gardes — qui ont vite cessé d'être des inconnus en uniforme — m'a donné, dès le début, la sensation d'une amicale sécurité. Mon lieu de travail, la « petite cuisine », se trouve dans les sous-sols de l'aile gauche du Palais, à l'opposé de la cuisine de prestige, dont tous les magazines ont parlé lors de sa réfection. Elle est installée dans un large espace, sous l'escalier de service des appartements privés, autour d'un magnifique piano datant certainement du début du siècle, vu l'incertain fonctionnement des deux grands fours. Un superbe et ultra-moderne four à vapeur, un petit four électrique de professionnel, un vaste réfrigérateur et une longue table en inox sont les pièces majeures de cette simple installation.

Un cuisinier est en poste depuis deux ou trois ans, semble-t-il. Il ne me sera jamais précisé si je le remplace ou si je dois collaborer et à quel niveau... J'ai pour aide un jeune appelé du contingent, fils super doué d'un grand pâtissier, qui exécute avec brio ce que je lui demande.

Pour parvenir aux cuisines, il est fermement conseillé d'emprunter le long couloir des sous-sols qui bourdonne d'une activité de ruche. Cependant, dès qu'il m'a semblé que je pouvais oser le faire, et cela assez rapidement, je suis quelquefois passée par l'enfilade des salons. Calmes et déserts, fraîchement fleuris chaque jour, ouverts sur de paisibles jardins, en les traversant je mesure le privilège qui m'est donné. Je m'y familiarise avec le décor des repas à venir. La beauté des grands arbres du parc m'a souvent permis de ne pas trop regretter de ne plus habiter ma campagne périgourdine.

Pour ma première expérience en cuisine, j'étais plutôt intimidée et nerveuse. Le maître d'hôtel en charge du Service Privé m'annonce un matin que c'est mon tour, je dois faire « mes preuves ». J'ai deux heures devant moi. Il s'installe dans la cuisine avec l'air concentré et attentif du responsable concerné.

Je suis en poste depuis trois jours et, dans cette organisation férocement hiérarchisée, je n'ai pas encore exactement compris le rôle de l'intendance. Je n'ai surtout pas conquis le droit de faire le marché. Je sais, puisqu'on me l'a dit, que ma présence, décidée par le Président, est une surprise pour chacun. Mais les jeunes gens du Service Privé, de l'âge de mes enfants, me sont, pour la plupart, sympathiques.

Dans le réfrigérateur, je trouve un dos de saumon, du chou vert, mon pot de graisse d'oie qui me suit partout, un morceau de jambon cru. Je vais faire un chou farci au saumon, peut-être braisé… peut-être des petits lardons… La préparation se déroule normalement, jusqu'au moment d'envelopper le chou farci dans une étamine. Stupeur, pas d'étamine dans les cuisines. Sur ma demande, on me propose un torchon raide d'empois, idéal pour essuyer la vaisselle fragile, mais certainement pas adapté à la cuisson d'un mets délicat. Il n'est pas trop tard, j'ai le temps. Il me suffit de dix minutes pour me rendre à mon appartement. Je choisis dans la pile un torchon blanc à grande raies rouges, marqué au point de croix des initiales de Julia Mazet. Je reviens au Palais, je cours jusqu'à la cuisine et là, en enveloppant le chou farci dans le torchon, sérénité et calme me gagnent. Le torchon a été brodé par ma grand-mère Julia. La boucle est fermée. C'est La Borderie au Palais.

Le Président a aimé ! J'apprendrai vite à interpréter les silences ou les courts commentaires qui me seront fidèlement transmis. Je prends conscience que le personnel du Service Privé est composé de vrais professionnels, qui connaissent bien le patron.

On m'a souvent demandé comment j'avais fait pour entrer à l'Élysée. Vraiment, je ne sais pas, mais il est certain que je n'y suis pas allée toute seule, il a bien fallu que mes mères m'y portent.

* * *

Le chou farci au saumon, braisé aux petits lardons

Le marché pour 6 à 8 personnes
1 kg de filet de saumon
1 kg de têtes de saumon, plus les arêtes
1 chou frisé (type chou de Milan ou chou cabus)
1 kg de carottes
250 g d'oignons jaunes
250 g de poitrine de porc fraîche
2 cuil. à soupe de graisse d'oie ou de canard
1 bouquet garni
sel de Guérande et mélange de poivres en grains
1 carré d'étamine d'environ 1 m de côté

• Les parures de poisson, têtes et arêtes, placées dans un grand bol, y laisser couler un filet d'eau froide pendant une dizaine de minutes, afin de les nettoyer et d'éliminer toutes traces d'impuretés. Les égoutter, et les placer dans une casserole à fond épais, avec quatre litres d'eau froide.

• Ajouter le bouquet garni et porter lentement à ébullition en écumant. Laisser frémir pendant 15 minutes, et passer au travers d'une passoire afin d'obtenir un jus clair. Réserver.

- Escaloper le saumon en tranches de 1 cm environ, les disposer à plat sur une plaque, saler, poivrer, et réserver au frais.

- Détailler la poitrine fraîche en minces lardons, les blanchir à l'eau bouillante pendant 2 minutes, et rafraîchir par un bref passage sous l'eau froide.

- Dans un grand récipient, faire bouillir de l'eau et blanchir le chou entier pendant 3 minutes, égoutter, rafraîchir 10 secondes sous l'eau froide, et recommencer l'opération une seconde fois. (On blanchit le chou, entier, afin de protéger les feuilles intérieures plus délicates, et deux fois afin de le rendre parfaitement digeste).

- Égoutter et, sur un torchon épais, ouvrir le chou, feuille à feuille, délicatement. Ne garder que les feuilles très tendres, et réserver le cœur pour une prochaine soupe.

- Dans une cocotte profonde en fonte, faire blondir les oignons émincés avec une cuillerée de graisse d'oie. Ajouter les carottes pelées, sans le cœur, détaillées en rondelles, colorer légèrement, saler et couvrir. Laisser cuire 30 minutes à feu très doux. Maintenir au chaud.

- Pendant ce temps, chemiser une passoire à pieds avec le carré d'étamine, en ayant soin de le laisser pendre sur les côtés de façon à pouvoir ensuite en rassembler les bords afin de former un baluchon.

Tapisser en commençant par deux couches de grandes feuilles de chou, en prenant bien soin de les faire largement chevaucher. (Après pochage, le chou devra rester en forme de boule) puis une couche de tranches de saumon, puis chou et saumon, jusqu'à utilisation complète, en terminant par une double épaisseur de chou. Refermer l'étamine, serrer en forme de ballon et attacher solidement avec une ficelle de cuisine.

• Porter le jus de poisson à ébullition, y plonger délicatement le chou farci, et laisser frémir 15 minutes, puis le tourner et ajouter 5 minutes de cuisson.

• Égoutter le choux, le démailloter délicatement sur une assiette creuse (il doit rester en forme), le faire glisser dans la cocotte sur le lit de carottes, et faire confire à feu très doux pendant 30 minutes. Poivrer en toute fin de cuisson, avec du poivre frais moulu.

• Servir découpé en parts verticales, entourées de la compote de carottes.

Les cuissons se font à feu très doux.

Ne pas laisser sécher le fond de la cocotte. Il doit y avoir en permanence la valeur de deux à trois cuillerées de liquide. Ajouter en très petite quantité du jus de cuisson si nécessaire.

Le couteau employé pour découper doit être très aiguisé, j'utilise le même couteau que pour le saumon fumé.

Attention au poivre, il développe une amertume en cours de cuisson, le moulin à café de ma grand-mère m'en fournit les justes quantité et grosseur.

* * *

J'aime conduire dans un Paris encore désert, avec le soleil de l'aurore rasant les plus hautes toitures, pour aller rencontrer les commerçants qui m'aideront à décider des menus de la journée. Je me souviens d'avoir exécuté plusieurs aller et retour consécutifs sur le pont Alexandre, juste pour la beauté du dôme des Invalides et l'harmonie de la perspective. C'est aussi la bonne heure pour croiser le camion rose pâle de mon copain Jean-Luc Poujauran, le bon boulanger, faisant sa tournée matinale.

Une quinzaine de jours après mon arrivée, un joli matin, rentrant du marché dont j'ai proposé de prendre la charge, je trouve la porte de service encore fermée. Cela signifie qu'il faut se mettre en quête du responsable, qui va grogner car si la porte n'est plus verrouillée, il faut la faire garder. Je décide de passer par les salons. Cela contribuera à ma bonne humeur. Grands salons, toujours ouverts, toujours gardés... Je pousse la première porte, et je tombe... sur François Mitterrand !

Très embarrassée, car ces pièces ne sont pas un lieu de passage, je me présente : « Bonjour, monsieur le Président, je suis la cuisinière. »

J'entends que l'on me souhaite la bienvenue, je reprends mes esprits. Une courte conversation à 7 heures du

matin m'assure que le Président sait que je suis arrivée, que ses occupations l'ont empêché jusqu'à présent de me recevoir, mais qu'il prendra bientôt le temps de bavarder. Il s'informe sans hâte de ma santé et passe.
Je commence à vérifier par moi-même ce que j'ai entendu dire de son charme...
Le Président demande à me voir, deux jours plus tard, à l'issue d'un déjeuner. Dans la bibliothèque, pièce chaleureuse et intime, un grand feu de cheminée me fera regretter de porter un cardigan sur ma tenue de travail, et le plaisir de la conversation me fera trouver incongru et déplacé de l'ôter.
J'ai fait ce jour-là un lapin en gibelotte, et je n'ai appris qu'après le repas que ce plat ne compte pas parmi les mets favoris. J'ai ensuite pensé que cette entorse avait incité le Président à prendre un long retard sur son programme de l'après-midi.
Il devait se rendre à Montpellier. Les minutes passant, tout en devisant agréablement avec le maître des lieux, je m'imaginais avec réjouissement les édiles de la ville, dont je connaissais par ailleurs l'importance exagérée qu'ils accordent à leur personne, s'impatientant longuement dans les salons de l'aéroport à quelque huit cents kilomètres de là ! J'avais réalisé une belle réception pour eux plusieurs mois auparavant et j'avoue m'être sentie vengée, même s'ils ne devaient jamais le savoir, de la désinvolture dont ils m'avaient honorée.

La gibelotte de lapin

Le marché pour 6 à 8 personnes
1 lapin de ferme
250 g d'échalotes grises
250 g de champignons de Paris
1 gousse d'ail
1 morceau de lard gras salé (environ 50 g)
5 dl de vin blanc sec
1 petit verre d'eau-de-vie de marc
1 cuil. à soupe d'huile d'olive
1 cuil. à soupe de bon vinaigre
1/2 oignon jaune
1 poireau
2 carottes
2 feuilles de laurier
1 fort bouquet de persil
1 bouquet de thym
3 cuil. à soupe de graisse d'oie ou de canard
1 noix de beurre doux
sel fin

• Découper le lapin en réservant la tête et la cage thoracique, sans les pattes de devant qui lui sont attachées. Dans un plat creux, déposer les morceaux de lapin, les arroser avec l'huile et le vinaigre. Ajouter le vert du poireau haché, l'oignon et une carotte émincés. Laisser mariner 2 ou 3 heures, en remuant souvent de façon à ce que tous les morceaux « voient » la marinade.

• Dans une casserole mettre un litre d'eau froide, le lapin réservé, le blanc de poireau et une carotte finement émincés, une feuille de laurier, porter à ébullition en écumant, laisser frémir 30 minutes, passer pour obtenir un bouillon clair. Réserver.

• Nettoyer les champignons en coupant le pied terreux et en les brossant avec un papier absorbant. Ne les laver, et très vivement, qu'en cas de nécessité. Les citronner.

• Dans une casserole à fond épais, faire fondre le beurre, ajouter les champignons, laisser cuire à feu vif, 5 minutes. Réserver.

• Peler les échalotes grises, les faire dorer sans brunir dans une cuillerée de graisse d'oie. Couvrir d'un verre de bouillon de lapin, laisser cuire à feu doux, jusqu'à caramélisation. Réserver.

• Hors de la marinade, sécher soigneusement les morceaux de lapin, et les faire revenir dans une cocotte en fonte avec 2 cuillerées de graisse d'oie, jusqu'à coloration forte. Ajouter le morceau de lard, flamber avec le marc, et sans cesser de remuer avec une cuillère en bois, laisser disparaître le liquide. Saler.

- Déglacer avec le vin blanc, ajouter la gousse d'ail et le bouquet de persil, le thym et la feuille de laurier, couvrir et laisser cuire sur feu doux pendant 45 minutes.

Au moment de servir :

- Allonger la sauce avec du bouillon. Ajouter les échalotes et les champignons qui ne doivent plus cuire.

Servir avec les pommes de terre de ma grand-mère Julia.

J'adore les échalotes grises. D'une délicatesse incomparable en cuisine, elles sont souvent remplacées sur les marchés par un oignon-échalote ovale de couleur rose, dont le goût n'a rien à voir avec le sien. Et je préfère ne pas parler de l'échalote, dite « cuisse de poulet », qui a le privilège d'être aussi laide qu'impropre à la consommation.

L'échalote grise existe encore sur les marchés. D'une production délicate, elle apparaît au mois de juin, juillet, du moins dans ma région du Sud-Ouest, sous la forme d'une petite gousse gris rosé, de la grosseur d'une grosse noisette ou d'une petite noix. Elle reste jusqu'à la fin de septembre, et l'agriculteur qui me vend celles que j'utilise m'a donné le truc pour les conserver jusqu'à Noël : au réfrigérateur dans un sac en papier kraft. Après, eh bien après, on ne mange tout simplement pas d'échalotes confites, et on évite les sauces dont elles sont la base.

En résumé, pas d'échalote, pas de gibelotte !

Les pommes de terre Julia

Le marché pour 6 à 8 personnes
1 kg de pommes de terre à chair ferme
4 ou 5 cuil. à soupe de graisse d'oie ou de canard
6 gousses d'ail
1 bouquet de persil plat
gros sel de Guérande
mélange de poivre en grains

- Choisir une cocotte, ou poêle, à fond épais qui « n'attache » pas, et un couvercle à la dimension.

- Les pommes de terre épluchées ne doivent pas attendre ou, au maximum 30 minutes, entières, enveloppées dans un torchon, et bien sèches. Ne pas les faire séjourner dans l'eau.

- En la faisant tourner d'une main, découper dans la pomme de terre des copeaux réguliers et pas trop épais (environ 1/2 cm).

- Faire fondre environ 2 cuillerées de graisse d'oie, et quand elle est bien chaude, mais avant qu'elle fume, y jeter les pommes de terre, avec une bonne pincée de gros sel, couvrir, et laisser confire à feu doux pendant 30 minutes. À ce moment, avec une spatule, les retourner sans les écraser. Elles doivent être très tendres. Si le fond du récipient est sec, ajouter au milieu en écartant les pommes de terre, une demi, voire une cuillerée de graisse. Ajouter l'ail coupé en copeaux, et recouvrir pour 2 ou 3 minutes. À ce stade, les pommes de terre peuvent attendre jusqu'à 30 minutes, simplement réduire au maximum le feu, mais sans cesser de cuire.

• Dix minutes avant de servir, découvrir, s'assurer qu'il y a assez de matière grasse et dorer sur feu vif, en les retournant plusieurs fois avec la spatule. Les servir, parsemées légèrement de poivre et largement de persil effeuillé.

Ce plat, courant dans toutes les familles en Périgord, est absolument délicieux. En hiver, avec une salade de frisée aux lardons, il est souvent le plat unique du dîner. À La Borderie, nous les appelons les pommes de terre rôties. C'est le premier plat que je fais aux amis qui ne sont pas venus à la maison depuis longtemps, ou à mes enfants quand ils arrivent.

Avec des cèpes ou des truffes dans les restaurants de la région, selon l'inspiration du moment, et le montant de la facture, elles prennent le nom aguicheur de pommes de terre sarladaises.

Nous les aimons tellement nature que j'en fais toujours une plus grande quantité, en pensant à une omelette pour le lendemain, où, en compagnie de quelques œufs battus avec 2 cuillerées de lait, elles font merveille. Mais il n'en reste jamais.

* * *

La bibliothèque est accueillante, les invités sont repartis, le Président semble avoir tout son temps. Nous parlons du Sud-Ouest, avec ces détails qui permettent aux natifs de se reconnaître.

Je me sens rapidement tout à fait à l'aise car le Président me dit avoir remarqué mon ascendance périgourdine, en faisant référence à un court paragraphe de *L'Évolution du Vivant* du Pr Pierre-P. Grassé qui détaille les traits du visage féminin périgourdin. François Mitterrand me donne ainsi une échappée surprenante sur sa façon de servir la lecture. Cette inimitable conception de la culture ressentie, présente au cours de nos rares échanges, me fascinera plus sûrement qu'une confiance domestique affichée.

Vingt ans auparavant, au cours d'un déjeuner lors d'une foire au foie gras dans le beau village de Beynac en Périgord, le Pr Grassé m'avait entretenu des similitudes entre les visages féminins florentins et périgourdins dont, m'avait-il dit, je possédais les caractéristiques.

Je dis au Président mon bonheur d'être là, dans cette très belle maison, et mon désir d'accomplir ma tâche avec soin et plaisir. Je demande les grandes lignes de ma mission, et obtiens un canevas lâche que je retiens comme l'expression abandonnée d'une exigence précise. Nous parlons d'omelettes. En résumé, la conversation ressemble à ceci : « Si vous me faites la cuisine de ma grand-mère, je serai satisfait.

– C'est une tâche difficile, monsieur le Président. Personne ne peut égaler une grand-mère. J'essaierai. »
Le lendemain, une convocation comminatoire dans le bureau du chef de cabinet commencera ainsi :
« Bien, Mme Delpeuch, que vous a dit le Président, lors de votre très long entretien hier après-midi ?
– Rien qui me semble devoir être mentionné, monsieur.
– Tout de même, cinquante minutes pour vous, alors que certains chefs d'État n'obtiennent que dix minutes !
– Cela prouve peut-être seulement, monsieur, que la cuisinière est plus importante aux yeux du Président. »

Le Pr Grassé possédait aussi ce don exceptionnel d'être un gourmet gourmand. Gastronome averti et très bon cuisinier, il m'avait parlé d'une appétissante recette de poularde au monbazillac, qu'il avait retrouvée, mise au point et proposée à son amie Mme Mallet-Maze pour une des rééditions de *La Bonne Cuisine du Périgord* de La Mazille. Bien sûr, j'ai eu très envie d'en essayer ma propre version.

* * *

La poularde au monbazillac

Le marché pour 6 personnes
1 belle poularde de ferme de l'année
100 g de carottes (la partie rouge)
100 g de lard de poitrine salé
1 kg d'oignons grelots
5 gousses d'ail
1 pomme de terre de 80 à 100 g
1 dl de lait
30 g de sucre en poudre
2 feuilles de laurier
1 gros bouquet de persil
1 morceau de 50 g de lard gras salé
4 cuil. à soupe de graisse d'oie ou de canard
1 bouteille de 75 cl de monbazillac blanc liquoreux
sel de Guérande et mélange de poivres en grains

- Afin de faciliter l'épluchage des oignons grelots, les tremper vivement dans l'eau bouillante. Une fois pelés, sur feu moyen, les faire revenir dans 1 cuillerée de graisse d'oie, en les remuant souvent, pendant 10 minutes. Dans la dernière partie de la cuisson, ajouter le sucre en poudre en pluie afin de les caraméliser. Réserver.

- Cuire la pomme de terre pelée dans l'eau bouillante, la réduire en purée à l'aide d'un presse-purée à main, et y ajouter au fouet le lait bouillant, pour obtenir une crème très liquide.

- Si ce n'est déjà fait, trousser la poule, la ficeler, et avec 2 cuillerées de graisse d'oie la faire dorer sur toutes ses faces dans une poêle, sur feu doux afin de ne pas aider à la rupture de la peau.

Si la cuisson est bien conduite, à partir de ce moment commence l'opération des 15 minutes.

- Dans une cocotte en fonte, faire suer, sans colorer, les carottes, sans le cœur, détaillées en rondelles épaisses et le laurier, pendant environ 15 minutes. Déposer la poule sur le lit de légumes avec l'ail non épluché et le lard détaillé en petits cubes. Saler. Sur le dessus de la poule, sans aucun contact avec le fond de la cocotte, déposer le bouquet de persil. Couvrir et sur feu doux porter à ébullition. Ajouter un verre de monbazillac, et laisser mijoter 15 minutes. Après ce délai, vous ne devez presque plus avoir de liquide dans la cocotte.

- Continuer chaque 15 minutes jusqu'à épuisement du vin, à l'exception d'un petit verre que vous mettez au frais. La sauce va prendre une coloration caramel blond, et 1 heure 15 devrait suffire.

Au moment de servir :

- Dégraisser la sauce, expulser l'ail de sa gousse et le mélanger intimement à la sauce, rectifier l'assaisonnement, ajouter le poivre et amener à consistance désirée avec 1 ou 2 cuillerées à soupe de purée de pomme de terre liquide. Ajouter les oignons sans le jus.

Pour être certain du résultat, goûter avant de servir en dégustant le vin mis au frais. Napper les morceaux de poules disposés sur un plat chaud, et servir sans tarder.

Ne pas colorer les légumes dans la cocotte, ils développeraient une amertume pendant la cuisson, en caramélisant avec le monbazillac

J'emploie souvent une purée liquide de légumes pour épaissir les sauces. Celle de pomme de terre nécessite un presse-purée manuel pour rester fine et légère. Les autres permettent de jouer avec une addition de goût frais souvent surprenante, toujours agréable.

* * *

Chaque mois, parfois même chaque semaine, appelle ses produits. Leur diversité et leur perfection est toujours irrésistible. La boutique Barthélemy, rue de Grenelle, est la caverne d'Ali Baba pour l'amateur de fromage. La gentillesse de ces merveilleux artistes n'a d'égale que leur compétence. J'ai eu, pendant mon temps élyséen, le plaisir de travailler avec ces personnes qui, lors de notre première rencontre, m'ont demandé la composition du menu pour

élaborer le service de fromage. Agréablement intriguée par cette attitude, je n'ai cessé d'aller de bonne surprise en meilleure, et nous nous sommes bien divertis à présenter les plateaux que leur professionnalisme et leur fantaisie m'ont proposés. Recommandée par le Président lui-même, c'est une de mes boutiques de plaisir.
Au mois de décembre 1995, de passage à Paris, la saison du vacherin me donne l'idée d'organiser un petit dîner. Je vais donc chez le meilleur artisan fromager de Paris. Anonyme, éblouie par la richesse des présentoirs, et déjà gourmande, j'attends mon tour. Un employé m'aperçoit dans la file :
« Oh, bonjour madame, c'est amusant de vous voir là, j'étais justement chez vous ce matin !
– ?...
– Mais oui, chez vous, à l'Élysée ! »
J'arrive du Périgord et j'ai quitté le Palais depuis quatre ans !
« Cuisinière du Président », il est vrai que le titre m'a procuré un grattouillis d'aise au niveau du plexus solaire, pendant environ un mois et demi. Ensuite, j'ai découvert le vrai plaisir lié à cette responsabilité.
Il commence, dès le matin, lors des rencontres et des discussions avec les fournisseurs. Je ne parle pas des intermédiaires, impressionnés seulement par la dignité de la clientèle, mais des artisans amoureux de leur travail. Je les ai d'abord cherchés dans ce Paris des gens du marché que je connais peu, puis j'ai instauré avec eux des relations de respect mutuel.

Je suis certaine que les tartines de rillettes et le grand café partagés à 6 heures du matin avec le poissonnier, dans un bistrot de la rue du Marché-Saint-Honoré, ne sont pas étrangers à son empressement à tout faire pour me permettre d'apporter sur la table présidentielle le meilleur de la pêche de la nuit.

La demande du Président est très claire. En aucun cas il n'attend de moi un exercice de style ou une démonstration personnelle, mais plutôt d'y apporter le meilleur de la France. C'est pour moi un vrai bonheur ! Je suis à la place rêvée pour mettre en valeur tout ce qui me passionne dans la vie rurale. J'ai toujours été une farouche et véhémente avocate du produit de qualité. Ce choix coûte très cher au producteur et ne génère jamais un salaire à la mesure des efforts et du travail nécessaires. Le fermier ou l'artisan se doit d'être un peu fou : fou de boulot, fou d'espoir, fou de la qualité de la vie.

Lorsque j'ai trouvé un ingrédient parfait, et que, sans me tromper, j'en ai prolongé la perfection jusque dans la salle à manger, il n'est pas rare que le Président, après s'être informé de sa provenance, en remercie personnellement le producteur. Pour avoir constaté la fierté du récipiendaire, j'en ai tiré la conclusion que le parcours de la qualité passe par la relation humaine. C'est un des enseignements, et non des moindres, que j'ai tirés de mon expérience à l'Élysée.

Le producteur qui fait le choix de la qualité, est stimulé par le commentaire éclairé du connaisseur exigeant et compréhensif. Cela suppose un vrai savoir, de l'intérêt et du respect.

Ainsi, il n'est pas question de griller une côte de bœuf à la bordelaise sur du charbon de bois, ni de l'accompagner d'une sauce. Dans la salle à manger dont je suis responsable, cela ne peut se passer.

* * *

La côte de bœuf à la bordelaise, haricots verts ajaunis

Le marché pour 4 personnes
1 belle côte de bœuf de 1,5 à 2 kg
250 g d'échalotes grises
2 cuil. à soupe d'huile
3 beaux os à moelle
1 kg de haricot verts
2 cuil. à soupe de bon vinaigre
2 jaunes d'œufs
sel et poivre
1 grill double face
1 petit fagot de sarment de vigne (indispensable)

• Faire cuire à l'eau bouillante les haricots verts pendant 5 à 7 minutes. Les rafraîchir et les jeter dans une poêle avec un morceau de beurre.

- Dans un bol, mélanger le vinaigre et les jaunes d'œufs, battre vigoureusement. Verser en une fois sur les haricots verts bien chauds, couvrir la poêle en éloignant de la source de chaleur, laisser mijoter 1 ou 2 minutes.

- Faire blanchir la moelle 10 minutes, dans l'eau bouillante, l'extraire de l'os, et la hacher finement. Mélanger intimement avec les échalotes émincées finement. On obtient une pâte.

- Faire chauffer deux plats de service ovales de même taille (ils doivent être très chauds). Enduire l'un avec la préparation échalotes-moelle. Retourner l'autre plat en vis-à-vis (les échalotes vont chauffer et la moelle va fondre légèrement). Réserver au chaud, pour au moins 10 minutes.

- Brosser à l'aide d'un pinceau huilé les deux côtés de la pièce de bœuf.

- Tasser les sarments en un rectangle épais, approximativement de la taille de la côte de bœuf, et enflammer. Dès qu'il n'y a plus de flammes, vous avez entre 15 et 20 minutes de chaleur. Sans toucher la braise, mettre le grill en place, aussi près que possible de la source de chaleur, et déposer la pièce de bœuf sur le grill. Laisser cuire 15 minutes. Ne pas toucher la braise, puis retourner le morceau de bœuf, assaisonner largement à la surface. Laisser cuire 5 minutes, sur l'autre face. À ce moment-là, la braise n'est plus active.

- Découper la côte en tranches fines et la déposer sur le mélange moelle-échalotes et la servir entourée des haricots verts.

* * *

Côté cour, comme partout où le pouvoir s'exerce, il se trouve des « éminences ». Ces personnages occupent le plus souvent une fonction qui se pratique en costume trois-pièces, ils s'arrangent pour en faire le moins possible tout en surveillant les portes, au coin desquelles le chapeau du patron risque d'apparaître. Dans cette maison, où l'ambiance générale est calme et laborieuse, ils se chargent de transmettre leur version de l'organisation du travail. J'ai tenté, parfois sans succès, de les respecter en les ignorant, car ma tâche précise est de faire régner l'ordre et l'efficacité dans ma cuisine, en prise directe avec la salle à manger. Un mois environ après mon arrivée, je bute sur une grosse pierre, je fais une grosse bêtise. Autant le dire, je n'ai jamais appris à faire la cuisine. J'aime à la faire, c'est tout. J'aime rendre les gens heureux à table et, dans ma famille, on mange bien. Ma mère m'a montré la pâte feuilletée, ce que je considère comme la chose la plus difficile de la cuisine française. Et puis elle avait le don qui, de ma grand-mère maternelle, est passé maintenant à ma fille Julia.

Mais revenons à l'Élysée. La viande est livrée par les Boucheries nivernaises, fournisseur efficace du Palais. Je n'y connais encore personne en particulier, et j'ai commandé des escalopes pour un déjeuner rapide de cinq ou six personnes, qui me sera confirmé, comme d'habitude, au dernier moment.

Une sorte d'ébullition règne au niveau supérieur de la maison. Les activités et les remous politiques finissant toujours par arriver dans mes casseroles, je décide de rester tout près d'un classique de la cuisine familiale : je vais faire des escalopes viennoises en plat principal, et je n'ai pas le temps de traîner. Entrée, dessert, garniture…

La confirmation arrive : les convives seront six. Première erreur, j'ai juste le compte d'escalopes. Je prie qu'ils soient pressés de partir après le déjeuner, et qu'ils ne souhaitent pas se resservir. De toute façon, il est trop tard. Je me ressaisis. Le Président est dans la salle à manger, les plats de service sont au chaud, décorés et, dans la poêle, les escalopes baignent dans une eau qui ne devrait pas s'y trouver, diluant la panure en une bouillie grisâtre.

Qu'ai-je fait ? À quel moment ai-je commis une erreur ? Vite, vite, il faut, il faut… Il faut vraiment servir, je suis à la tête de six escalopes blanchâtres racornies, et d'un mélange gélatineux, aqueux et insipide dans la poêle. Le maître d'hôtel, amical mais pressé, attend. Le grill est en marche, je passe les escalopes une seconde sous la chaleur ardente… au moins elles seront colorées… et j'envoie.

Je sais que ça ne va pas, je suis tendue comme un arc. Qu'est-ce que je fais là ? et dans cette cuisine imbécile ?

avec cette andouille de boucher... ce n'est pas possible, je n'ai pas fait d'erreur... et puis, certainement si... ils ne se risqueraient pas à envoyer de la mauvaise viande à l'Élysée. Nom d'un chien ! comment cuit-on les escalopes à Paris ? Je suis dévastée.

Puis la cerise sur le gâteau. Le Président vient de partir, très pressé, très agacé, il a dit tout haut sur le pas de la porte de la salle à manger, que cela « n'allait pas du tout, du tout ». La jubilation digne de l'« éminence », qui vient dans la cuisine me rapporter le propos et me proposer son aide, me redonne du punch. Je le fiche à la porte, et je décide qu'ils vont voir de quel bois je me chauffe. Tous ! Y compris le Président. Pour commencer, j'irai moi-même chercher, chaque fois que j'en aurai besoin, un morceau clairement et précisément commandé.

Dorénavant, je vais traiter en partenaire avec le directeur des Boucheries nivernaises. C'est un agriculteur, ancien boucher, il connaît et aime son métier. Il me rapportera plus tard que le Président s'arrêtera un jour dans son magasin au long d'une de ses légendaires promenades dans Paris, pour lui dire combien il appréciait la qualité de son travail, et qu'ils parleront du Morvan.

Je crois bien que je n'ai, depuis ce jour, plus jamais utilisé d'escalopes de veau... Mais avec des escalopes de bœuf, on peut faire les merveilleuses paupiettes à la mode de Marseille.

***

Les paupiettes à la mode de Marseille

Le marché pour 6 personnes
12 très fines tranches de bœuf à rôtir de la dimension d'une grande main
100 g d'olives vertes
4 filets d'anchois
400 g de poitrine de porc
1 gros œuf
2 gros oignons
4 gousses d'ail
4 belles tomates
2 verres de vin blanc sec
huile d'olive, thym, laurier, sauge

- Réduire en purée les filets d'anchois, les olives dénoyautées. À la fin, ajouter au mélange le gros œuf entier. Y ajouter la poitrine de porc hachée finement. Goûter et rectifier l'assaisonnement.

- Déposer une petite quenelle de farce sur le bord de chaque escalope de bœuf, et la rouler en cigare.

- Ficeler légèrement pour la première partie de la cuisson.

- Faire colorer chaque paupiette dans une poêle avec un peu d'huile d'olive, et réserver.

- Dans une casserole à fond épais, faire colorer l'oignon émincé, dans un peu d'huile d'olive. Ajouter les tomates pelées et épépinées, l'ail en purée, une feuille de laurier, deux brins de thym, et une dizaine de feuilles de sauge hachées. Laisser cuire et réduire pendant 30 minutes. Ajouter le vin blanc sec, et laisser compoter pendant encore 30 minutes.

- Enlever la ficelle qui entoure les paupiettes et les déposer sur le dessus de la compote de tomate. Couvrir et laisser cuire 1 heure à petit feu.

- Servir bien chaud, avec de la polenta ou de la semoule de couscous.

* * *

L'organisation du travail est simple. Les salles à manger du Service Privé ressemblent à celles d'une maison bourgeoise, avec un bon rythme de réception. Au moment de mon engagement, j'avais moi-même posé la question au sujet d'un éventuel essai. À quoi il m'avait été répondu que les recommandations dont je bénéficiais suffisaient.
Cher Joël Robuchon ! Nous nous étions rencontrés une seule fois, en 1987, pour une conversation à bâtons rompus, tournant autour de mes thèmes de prédilection : la vie rurale, l'agriculture, la cuisine de femme, l'artisanat.

Avec le seul désir de faire sa connaissance et bien qu'ayant sollicité cette rencontre, j'étais intimidée à l'idée de rencontrer ce chef que tout le monde s'accordait à considérer comme le plus grand cuisinier du monde. J'avais prié ma fille Julia de m'accompagner. Le court rendez-vous aimablement accordé s'est transformé en une après-midi de conversations passionnantes, interrompues par les dégustations d'une série de plats qu'il mettait au point pour la publication de son ouvrage avec Patricia Wells. Participer, au premier rang, dans les coulisses, à l'élaboration du livre de recettes de ce grand artiste, fut très excitant. Nous reçûmes une démonstration vraiment éblouissante.

Je lui avais laissé ma carte en partant. Cette carte fut remise au haut fonctionnaire qui, dînant chez lui plusieurs mois plus tard, fit état du souhait du Président de confier sa cuisine à une femme. Voilà mes recommandations.

Chaque jour, les ordres de repas arrivent en général vers 11 heures ou 11 h 30. Ce qui n'est pas très pratique ! Je n'ai jamais pu définir si cela est, comme on me le répond, une raison de sécurité, ou cette disposition naturelle au secret que tous les biographes mentionnent. Mais j'ai décidé de penser qu'en bon scorpion, François Mitterrand souhaite mener ses affaires à sa guise. Je reconnais cette attitude et la trouve divertissante.

Parfois j'ai vu sur le marché des produits qui demandaient plus de deux heures de préparation ; je m'en suis éloignée à regret, sachant qu'il les aurait appréciés.

L'ordre détaillé tombe, par téléphone via le secrétariat, depuis les hautes sphères, l'imprimeur piaffe, le menu en route, la cuisine s'affaire dans le calme pour le service à 13 heures.

L'élaboration du menu est, en règle générale, laissée à mon choix. Il arrive que le téléphone sonne, et que j'entende une voix courtoise :

« Bonjour madame, François Mitterrand à l'appareil. Je souhaite avoir six invités, des collaborateurs proches, demain pour déjeuner. Que pouvez-vous me proposer ? » Alors là, pas question de ne pas avoir d'idées ! En fait, j'ai cinq secondes pour énoncer le menu qui va mettre tout le monde de bonne humeur... J'ai presque toujours raccroché, mission accomplie et jambes flageolantes. Mais j'aime les défis.

Avec certains plats, je sais aller dans la bonne direction, comme par exemple le jarret de veau braisé à la moutarde violette. Spécialité de la ville de Brive, en Corrèze, faite à base de moût de raisin, selon une recette plusieurs fois centenaire, cette moutarde fruitée accompagne délicieusement le boudin noir, les poissons pochés et sert d'appui à une sauce acidulée et moelleuse.

***

Le jarret de veau braisé à la moutarde violette

Le marché pour 4 personnes
1 beau jarret de veau
100 g de beurre
150 g d'échalotes grises
5 cuil. à soupe de moutarde violette de Brive
1 bouquet de ciboulette
thym et laurier

Les légumes d'un bon bouillon :
2 carottes, 1 poireau, 1 petit oignon, 2 branches de céleri, 2 navets

- Faire cuire le jarret de veau dans le bouillon de légumes bien assaisonné, pendant 1 heure 15.

- Le sortir du bouillon, et le débiter en tranches de 1 cm d'épaisseur environ. Faire colorer ces tranches à la poêle avec un peu de beurre, et réserver au chaud.

- Après avoir fait rissoler les tranches de veau sans faire brûler le beurre, y jeter les échalotes hachées et cuire à feu très doux jusqu'à ce qu'elles deviennent transparentes (10 minutes). À ce stade, ajouter la moutarde, et faire cuire 1 ou 2 minutes en vannant (la sauce ne doit pas bouillir).

• Servir aussitôt le jarret, recouvert de sauce bien chaude.

* * *

Je ressens encore comme un privilège d'avoir été admise à faire cette expérience à l'Élysée. Toute personne qui cuisine souhaite comme interlocuteur dans la salle à manger une personne ouverte au dialogue. La communication, d'essence subtile, passe par la composition du repas et sa présentation. Tout s'y retrouve pour qui sait lire.
J'ai pu reconnaître, dans les demandes suggérées et dans les observations que j'ai recueillies de la part du Président, une attitude générale envers les choses de la vie quotidienne qui m'est familière. L'homme, nourri de ses racines, respecte l'artisan, et exige en retour que ce respect lui soit rendu sous la forme d'un travail parfaitement exécuté. Le droit à l'erreur, mais pas plusieurs fois de suite. Et assumer. C'est la règle. Elle me convient. Quant aux aides et au matériel, une base simple permet un volume d'activité tout à fait raisonnable. Mais il est possible, sur une simple demande, de puiser dans les ressources de la maison qui, en tant que première maison de France, dispose de tout pour faire face à toutes les situations.

Je gère un budget, sur lequel je rends des comptes. La ligne générale est le sens du faste mais le refus du gaspillage. Je m'applique à la gestion d'une économie domestique efficace, ce qui me vaut d'ailleurs des compliments lors des vérifications.

J'ai beaucoup agacé une « éminence » en exigeant que les lumières soient éteintes lorsque nous quittons une pièce de service. Mais je me sens redevable envers les contribuables français, dont je suis, de cette légère discipline.

Oui, je dispose d'une petite voiture de service... pour le service.

Non, il n'y a pas de goûteur, comme sous les rois de France.

Oui, j'ai un logement de fonction. Il m'a été très fermement recommandé. Sous surveillance policière constante, relié par téléphone au standard de l'Élysée, s'il permettait une intervention rapide, il ne laissait aucune place aux fantaisies d'une éventuelle vie privée.

J'aurai fait le tour de toutes les questions qui me sont habituellement posées, en précisant que mon salaire se compose d'une somme fixe et d'avantages en nature, auxquels s'ajoute une bienvenue prime de disponibilité totale, et qu'il n'est pas de ceux qui permettent de restaurer une situation financière délicate.

Il est vrai que le panache du titre console. Les courts stationnements illicites impunis et les petites incartades au volant sont à porter au crédit des avantages subjectifs. La maréchaussée à mes petits soins, ça c'est sympa ! Lorsque

Carnets de cuisine, du Périgord à l'Élysée

je suis maintenant la cible, aussi sereine que possible, des personnes chargées de faire respecter le code de la route, je me souviens que j'ai mangé mon pain blanc.

Tout de même, je me rappelle cette fois où le cap de midi est passé sans que l'ordre de la table du Président tombe. Midi trente. Le Président est toujours dans son bureau. Pas de prévisions de déjeuner à l'extérieur, c'est mauvais, on peut s'attendre à tout.

Le téléphone sonne : « Un plateau de fruits de mer dans un quart d'heure. »

Nous n'en avons pas en réserve, et nous avons affaire à un connaisseur. La Brasserie d'Alsace, prévenue par téléphone, nous en prépare un. Je saute dans la voiture, rue de l'Élysée, la grille du coq à droite, double file avenue Marigny, virage sec sur les Champs-Élysées, je stationne en face de la brasserie (non autorisé). J'embarque le plateau fin prêt dans le coffre de ma petite Renault. Six minutes écoulées, j'amorce le retour. Un embouteillage bloque l'avenue Marigny. Sur la droite, le large trottoir désert longeant les jardins de l'Élysée, interdit même aux piétons, me nargue. Un quart de seconde plus tard je roule sur le trottoir vers ma porte. Deux policiers effarés, les bras en croix me bloquent le dernier mètre. Je passe la tête par la portière : « Service du Président ! » Ils me reconnaissent, sonnent pour moi. C'est grisant ! Je cours les bras chargés vers la cuisine. Quinze minutes après son appel, le Président se met à table devant un beau plateau de fruits de mer. Il mangera un dessert et retournera vers son bureau.

Mon petit pâtissier préféré, fils de l'un des deux frères trois fois étoilés de Londres, ne m'a pas pardonné de l'obliger à faire la crème Mémée à la place de la crème chiboust dont il connaissait les secrets. Alain, dont on pouvait dire sans hésiter en goûtant son talent, qu'il était né dans la casserole de son papa, faisait son service militaire à l'Élysée. Comme tous les fils et protégés de chefs parfois célèbres, mais surtout renseignés, il avait pu obtenir de passer son temps à faire des gâteaux en lieu d'activités militaires. J'ai beaucoup aimé le voir travailler, car il était exceptionnellement doué. Formé au travail par l'exigeante tradition familiale, il était quelqu'un sur qui l'on pouvait compter.

Lorsque je lui demandais de faire un saint-honoré : « La crème chiboust, Danièle, ou la crème Mémée ?

– La crème Mémée, Alain, vous savez bien », il repartait vers la pâtisserie, tristesse, léger mépris et timidité mêlés. Mais le résultat était parfait.

La crème de Mémée

Le marché
5 dl de lait
60 g de farine tamisée
4 œufs
175 g de sucre
1 bâton de vanille

- Faire bouillir le lait avec le bâton de vanille.

- Mélanger les jaunes d'œufs et le sucre et amener au ruban, puis incorporer la farine.

- Verser un peu de lait chaud dans la préparation pour la détendre, et verser dans le reste de lait. À petite chaleur, porter à ébullition, en remuant constamment pendant 5 minutes.

(Fin de la première partie).

- Verser la préparation sur les blancs d'œufs montés en neige très ferme, en soulevant la masse avec une spatule en bois.

- Mélanger intimement de façon à ce que la crème chaude cuise les blancs, mais observer toutes précautions d'usage pour ne pas les casser.

L'incomparable qualité de la crème que faisait ma mère est uniquement due au choix sans concession d'ingrédients de parfaite qualité. J'ai pu vérifier cent fois qu'on ne fait que des choses exquises avec des produits parfaits. Et en plus, c'est tellement facile !...

* * *

La tarte meringuée

Pour une tarte de 6 à 8 personnes
200 g de farine
100 g de crème de lait ou de très bonne crème fraîche
30 g de sucre en poudre
1 œuf
100 g de sucre glace
Crème de Mémée

- Faire une pâte à tarte en mélangeant tous les ingrédients mais presque sans pétrir, ce qui lui ôterait de la légèreté.

- Envelopper dans un linge et laisser reposer pendant au moins 1 heure.

- Étaler la pâte et la faire cuire sur une tôle jusqu'à bonne coloration pendant 15 à 20 minutes.

- Exécuter la crème Mémée jusqu'à fin de la première partie, et laisser refroidir.

- Pendant ce temps, monter les blancs en neige ferme en incorporant, à partir de la moitié de l'opération, le sucre glace tamisé. On obtient une sorte de meringue.

- Étaler la crème uniformément sur la surface de la tarte cuite, lisser à la spatule ou au couteau. Puis étaler une couche de 2 à 3 cm de meringue sur la crème. Ma mère faisait, à la surface de la meringue, un dessin en traçant des lignes entrecroisées avec les dents d'une fourchette. Passer à four très chaud, 30 secondes à 1 minute, jusqu'à ce qu'une bonne coloration dorée soit obtenue, et que des perles de sucre apparaissent à la surface.

* * *

Pendant les mois passés au Palais, les situations cocasses n'ont pas manqué.

Il se trouve que parmi mes amis, certains ne sont pas du même bord politique que mon patron. Il m'est arrivé de raconter, sur leur insistance, l'odyssée de mon premier plateau de fruits de mer, parce qu'elle venait d'avoir lieu et que je trouvais cela rigolo. Cette anecdote a souvent provoqué des réflexions telles : « Mon dieu, quel scandale ! » ou « Mon dieu, pour qui se prend-il ? »
Je souhaite mettre les choses au point.
Tous et toutes les responsables sérieux de salle à manger ont à cœur que tout marche rond dans leur environnement. Et parmi ceux que je respecte, je n'en connais pas un qui ne dépasse ses propres limites, chaque fois

que c'est nécessaire, pour satisfaire ses hôtes. Tous vous confirmeront que, dans une salle de restaurant, le client est roi. Le bonheur, c'est quand il se conduit aimablement.

J'avais le privilège d'être en charge d'une salle à manger où l'hôte étant particulièrement courtois et gourmet, les invités ne se seraient pas risqués à ne pas l'imiter. Ainsi accomplissant ma tâche pour la beauté du travail bien fait, je n'ai pas manqué de bien m'amuser, et de jouir des situations surréalistes, chaque fois qu'elles se sont présentées.

Mme Neuville, agricultrice à Pazayac en Dordogne, élève les meilleures volailles que je connaisse. Au point que je passe sur l'une de ses habitudes, qui me gêne fort : je pense que sa façon de trousser la volaille, qui convient à tous ses autres clients, nuit considérablement à la qualité du morceau que l'on désigne sous le nom de haut de cuisse. Je ne désespère pas qu'un jour elle change sa façon de découper ; mais j'ai la patience d'attendre, parce que il n'y a que chez elle que je trouve les croûtons de pain de campagne aillés introduits dans le corps du poulet, quand il est juste dépouillé, et qui sont un tel surprenant régal dans la casserole. Privilège de celle qui fait cuire la volaille, j'en mange toujours un ou deux en la découpant ! Et puis Mme Dupuy, sa fille, veille toujours à ce que l'on me garde le sang liquide avec la petite cuillerée de vinaigre, pour les sauces, et le sang pris pour les farces.

Ayant bien sûr recommandé cette production à tous les vrais amateurs de ma connaissance, j'ai souhaité introduire ces merveilles dans ma cuisine à l'Élysée. Entre les cousins et les amis, je trouvais toujours, deux ou trois fois par mois, un livreur bénévole pour déposer au Palais, en pleine nuit, un paquet fait à la ferme.

Il est possible que les exigeants critères sanitaires du moment n'aient pas tous été respectés, mais moi, avec ces colis, je recevais l'air du pays, les vrais produits avec les vrais détails. Et le Président avait les vrais poulets rôtis. Il ne s'en est jamais plaint !

La première fois, le paquet, remis à la loge d'honneur alors que les portes de service étaient encore fermées, avait échoué comme c'était la règle, au contrôle de sécurité. Le lendemain matin, après avoir réussi à dénicher la petite cuisinière au fin fond de sa cuisine ignorée, les très sérieux policiers me font appeler. Je dois expliquer quel est le destinataire de ces curieux envois qui ne correspondent à rien de connu. Je ne leur ferai pas l'injure de penser qu'ils n'avaient pas repéré un assortiment de volailles. À leur crédit, le sang coagulé, précieux et nécessaire ingrédient de mes farces, dans deux bocaux de Nutella encore étiquetés, présentait, je dois l'avouer, un caractère quelque peu déroutant. L'explication était que Aurélie, la petite-fille de Mme Neuville, mangeait des tartines de Nutella, et le bocal vide, lavé, devenait un emballage hermétique parfaitement adapté. Seules, les étiquettes résistaient au lavage.

Les fois suivantes, ayant admis que j'étais plutôt bizarre, mais que le Président restait en bonne santé, ils n'ont plus ouvert les colis. Ils se contentaient de me prévenir, dès leur arrivée, afin que je les débarrasse de mes encombrantes fantaisies.

Lors d'un court voyage officiel en Bulgarie, j'ai emporté six de ces splendides volailles. Je les avais proposées pour ce qui reste le déjeuner dont la symbolique m'a le plus fortement impressionnée.

* * *

Ma poularde demi-deuil sauce grand-mère Léonie

Le marché pour 6 personnes
1 belle poularde bien grasse
200 g de truffes
100 g de foie gras de canard
250 g de pain au levain rassis trempé dans du lait
1 gousse d'ail
1 bouquet de persil plat
1 œuf
sel et poivre
un bon assortiment de légumes pour la soupe :
carottes, navets, poireaux, raves, céleri, oignons, échalotes,
1 feuille de laurier, 2 brins de thym, 4 feuilles de sauge

fraîche
Pour la sauce grand-mère Léonie :
100 g de beurre
30 g de farine

La veille :

• Trancher 16 ou 18 belles lamelles de truffes de 2 mm d'épaisseur environ. En pratiquant une incision superficielle, glisser ces tranches sous la peau de la poule. Envelopper dans un linge et laisser reposer au frigo toute la nuit. Écraser le reste des truffes à la fourchette et réserver.

• Dans un faitout, mettre les légumes à cuire dans de l'eau salée.

• Faire la farce de la poule avec le pain trempé, le foie gras de canard, la gousse d'ail, une bonne poignée de persil haché et l'œuf. Puis ajouter les truffes écrasées et remplir la poule. Fermer hermétiquement en rapprochant les bords, et en cousant avec du gros fil solide.

• Mettre la poule dans le bouillon bouillant, et maintenir le frémissement à feu modéré. Laisser cuire 1 heure 30 environ, jusqu'à ce que la poule soit tendre.

Préparer la sauce :

• Dans une casserole à fond épais, faire fondre le beurre, ajouter la farine en remuant avec une cuillère en bois.

- Mouiller avec 250 cl de bouillon, en ayant soin de prendre sur les bords du faitout le bouillon le plus gras. Laisser cuire, en dépouillant constamment, pendant 30 minutes au moins.

- Servir la poule entourée des légumes et de sa farce, la sauce à part.

Ma mère ne manquait pas de rappeler que sa propre mère insistait pour que le gras de la poule cuise dans la sauce, que c'était ce qui lui donnait du goût ! Mais qu'il fallait prendre soin d'enlever les traces de gras qui se rassemblaient sur les bords de la casserole de sauce lors de la cuisson.

Cela donne une sauce onctueuse et très légère que ma mère servait avec une volaille farcie, sous le nom de poule au blanc.

* * *

S'il est exact que le Président demandait souvent à ce que la cuisinière l'accompagne lors de ses voyages, ce n'était pas, comme on m'en a parfois fait la remarque, par précaution ou par excès d'autorité. Si recevoir est généralement considéré comme un art, le Président ne faisait pas servir un repas, il conviait à en partager le moment. J'avais été engagée pour aider à donner le style qu'il souhaitait aux réceptions qu'il m'était demandé d'exécuter. Il m'appartenait de proposer les adaptations suivant la saison et les circonstances.

Les ambassades sont des maisons belles et simples. Le personnel est souvent originaire du pays où elles sont implantées. On y rencontre des amis de la France. Dans les pays de l'Est où j'ai eu l'occasion d'aller, cela signifie des gens épris de beauté et de liberté.

Le déjeuner prévu ce jour-là doit être court, simple et raffiné. Le Président souhaite recevoir une dizaine d'intellectuels bulgares, dissidents pour la plupart, et donc en position délicate par rapport à leur gouvernement. Nous sommes encore derrière le Mur de Berlin, en février 1989.

À Paris, le Dr Gubler a eu brusquement, et pour la première fois, l'idée de me faire partager ses soucis de diététicien. Il me demande de prévoir un dessert différent, deux heures à peine avant le départ, ce qui implique un difficile changement d'approvisionnement !...

À Sofia, ayant réglé en temps voulu les problèmes d'intendance, j'ai pu assister, derrière un léger paravent, à une partie des conversations dans la salle à manger de l'ambassade. J'entends l'un des invités poser courageusement et clairement cette question, devant le haut fonctionnaire représentant le gouvernement bulgare, lui aussi convié :

« Nous sommes privés de liberté pour avoir osé exprimer nos convictions. Que pouvez-vous faire pour nous, monsieur le Président ? »

Avec le plus grand calme, François Mitterrand répond que s'il n'a pas la possibilité de leur rendre la liberté, au moins peut-il dire à travers le monde que l'on se doit de ne pas emprisonner un homme pour une opinion différente. Et qu'il n'y manquera pas.

Un ange passe. Il est plaisant et réconfortant à ce moment-là d'être française. Je me souviens d'avoir été heureuse que les convives aient vivement apprécié la poularde aux truffes, d'avoir regretté de ne pas leur servir ma tarte au chocolat, pour y substituer une tarte aux poires...

Dans l'après-midi, les étudiants de l'université, au courant de ses propos déterminés, ont fait une ovation formidable au président de la République française. Du jamais vu au cours d'un voyage officiel.

En janvier 1993, quatre ans plus tard, de passage, avec ma fille Julia, dans les cuisines d'un très bel hôtel des Pays-Bas, quelle n'est pas notre surprise de voir s'avancer vers nous une toute jeune femme. Elle est bulgare, travaille à l'ambassade, et elle souhaite me dire que son pays a institué une seconde fête nationale, le jour anniversaire de ce déjeuner mémorable. Elle est fière de me rencontrer, me remercie d'être française, et souhaite, puisqu'elle s'intéresse à la cuisine, nous apporter son aide et apprendre tout ce qui serait possible. Le mois d'après, elle m'envoie la copie du compte rendu, dans les journaux de son pays, de la quatrième célébration de ce mémorable déjeuner.

Carnets de cuisine, du Périgord à l'Élysée

* * *

La tarte au chocolat Julia

Le marché
Pour la pâte sablée :
250 g de farine
190 g de beurre réduit en pommade lisse
65 g de sucre glace
1/2 œuf
Pour la garniture :
250 g de chocolat amer (70 % de cacao ou plus)
250 g de beurre salé
100 g de sucre semoule
3 œufs moyens, ou 2 gros
4 tasses de café fort

- Préparer la pâte sablée, 1 heure au moins avant son utilisation afin qu'elle soit bien froide.

- Ajouter le beurre en pommade au sucre glace, puis l'œuf ; ajouter la farine afin de faire une boule lisse. La mettre au réfrigérateur.

- Rouler la pâte, qui est très délicate, à environ 1/2 cm d'épaisseur, et l'étendre sur un moule à rebord, beurré et fariné. Laisser reposer au froid 30 minutes, avant de cuire à blanc.

- Faire fondre le chocolat dans une casserole placée au bain-marie, ajouter le café fort, le sucre et le beurre fondu ; mélanger pour obtenir une pâte.

- Battre les œufs dans une jatte creuse et les incorporer au mélange chocolat, en les passant à travers un chinois. Le mélange devient lisse, il doit être tiède mais pas froid.

- Verser l'appareil sur la pâte cuite à blanc et cuire à four moyen (180°) environ 15 minutes.

La cuisson se vérifie par la consistance de la pâte de chocolat qui doit être un peu ferme sur le dessus.

* * *

Les départs en voyage officiel obéissent à une procédure bien rodée. Je suis en général prévenue une dizaine de jours à l'avance. Le séjour varie entre une et trois journées, et j'aurai à intervenir une, parfois deux fois. Le menu composé, les listes de provisions établies, reste à empaqueter et à déposer le tout, y compris les affaires personnelles, la veille du départ, au service des voyages. Je laisse imaginer la volupté de ne pas avoir à chercher un taxi pour être à l'heure à l'aéroport, de ne pas attendre pour l'enregistrement des bagages, pour l'embarquement, mais au contraire de faire partie de ceux que le pilote attend, de ne pas porter de lourdes valises, et de rencontrer un personnel de bord vraiment adorable.

Côté cuisine, avant le départ, je dois remplir de grandes caisses bleu outremer, astucieusement compartimentées, de tout ce dont je peux avoir besoin pour réaliser les menus prévus. Ingrédients et ustensiles.

Je trouve cette pratique extrêmement discourtoise envers le pays visité. Comme si, à l'exception des spécialités, les choses adéquates ne pouvaient venir que de France. Il est vrai que si le programme horaire du Président est toujours accablant, celui du personnel, bien serré, ne laisse pas de temps pour s'intéresser aux marchés locaux.

Le premier voyage officiel que je fis me servit de leçon. Je suis encore mal à l'aise au souvenir du visage du chef de l'ambassade visitée, lors de l'ouverture des fameuses caisses. Dès le second voyage, à peine arrivée, j'allais faire connaissance avec les gens en cuisine. En apportant un ou deux petits cadeaux, pour détendre nos relations.

Dès le début, je déclenche quelques paniques dans l'immuable étiquette des réceptions prévues. Toujours avec le souci de voisiner plaisamment, il m'a semblé intéressant d'introduire dans le menu une spécialité du pays d'accueil : j'apprends ainsi quelque chose de nouveau, le chef qui m'ouvre sa cuisine est honoré, seul l'intendant du Palais lève les bras au ciel.

Je ne dis rien avant d'avoir trouvé la spécialité que nous nous proposons d'oser et avoir obtenu du Président l'autorisation de la servir. Je saute par-dessus la voie hiérarchique, puisqu'elle ferait barrage.

À Cracovie, au cours du dîner français, le Président redemanda, au grand plaisir de ses invités polonais, un deuxième service d'un délicieux bortsch à la betterave rouge accompagné de son petit pâté à la viande.

Tout n'est pas toujours aussi simple. Dans certains pays même, le chef se serait passé son grand couteau au travers du corps plutôt que de laisser entrer une femme dans sa cuisine — message transmis, via l'intendant, par madame l'ambassadrice...

Je me souviens d'un voyage en Tunisie, dont l'arrivée a été magnifique. Une vingtaine de minutes avant d'atterrir à Carthage, les avions de chasse tunisiens viennent faire escorte à l'appareil présidentiel. Ils évoluent gracieusement à nos côtés, en signe de bienvenue. Je ne suis pas blasée et je me rappelle le ravissement qui s'est emparé de moi et qui s'est poursuivi lorsque nous nous sommes posés sur ces terres, où toutes les nuances de l'ocre dessinent mon premier paysage africain.

La Résidence française est un vrai régal, perdue sous les fleurs, au milieu de jardins et de fontaines, avec ses immenses salles et ses petits recoins tapissés de céramiques multicolores, donnant sur d'autres jardins intérieurs.

J'y ai découvert une cuisine baroque et facile, aussi colorée que les tapis répandus à profusion.

Le couscous de poisson comme on le mange à Djerba

Le marché pour 6 à 8 personnes
1 kg de filet de daurade
50 g de beurre salé
135 g d'huile d'olive vierge
750 g de graine de couscous moyen (il est en principe déjà étuvé)
150 g de pois chiche, mis à tremper la veille
5 ou 6 beaux coings
250 g de raisins secs mis à tremper 1 heure avant
60 g de purée de tomates
1/2 cuil. à café de poivre noir
1/2 cuil. à soupe de poivre rouge
2 pincées d'écorce de cannelle moulue
2 pincées de boutons de roses pilés
sel fin

- Couper la daurade en morceaux d'un bonne portion, et les assaisonner de sel fin et de poivre noir.

- Dans la marmite du couscoussier, mettre l'huile à chauffer. Ajouter la purée de tomates, la moitié du poivre rouge et les pois chiche bien gonflés ; mouiller de 1,5 litre d'eau, porter à ébullition, et laisser cuire, en réduisant le feu.

• Pour préparer le couscous, humidifier la graine avec de l'eau fraîche. Garnir le dessus du couscoussier sans tasser les grains. L'adapter à la marmite et laisser cuire 30 à 40 minutes à partir du moment où la vapeur commence à traverser.

• Après ce temps, retirer le couscoussier, en laissant la marmite en place sur le feu.

• Vider le couscous sur un plateau, l'asperger d'eau fraîche, et défaire les mottes avec une cuillère en bois, afin d'aérer toute la masse et de libérer les grains les uns des autres. Remettre la graine dans le couscoussier sans la tasser ; et le couscoussier sur la marmite.

• Environ 30 à 45 minutes avant de servir, mettre dans la marmite les coings coupés en quatre, les raisins, et laisser sur la flamme pendant 15 minutes à feu très doux. Puis mettre dans la marmite les morceaux de poisson, et remettre sur le feu (le poisson est vite cuit, environ 15 à 20 minutes).

• Dans deux louches de liquide, délayer le beurre salé, l'écorce de cannelle moulue, la poudre de boutons de roses (et, si vous le désirez, le reste de poivre rouge). En arroser le couscous qui aura été dressé sur le bord d'un grand plateau. Aligner le poisson sur un autre côté, ainsi que les quartiers de coings. Verser à part le reste du bouillon et servir.

***

Lors des voyages officiels, les hôtes du Président sont séparés en strates qui ne communiquent pas. La police, les conseillers, les invités, les journalistes, l'intendance dont je fais partie ont des rôles précis, un itinéraire défini et il est tout à fait rare qu'ils se rencontrent. La différence est marquée dans tous les détails de la vie quotidienne, et le service d'organisation des voyages s'entend à respecter le statut social, donc la place de chacun.

En ce qui concerne les repas, les invitations officielles représentent une faveur réservée aux très proches. Essayer de s'y glisser est une tâche délicate, et il n'est pas rare de rencontrer ceux qui, n'y étant pas parvenus, errent comme des âmes en peine…

Ce jour-là, à Carthage, pour ceux qui ne participent pas au grand déjeuner offert par le président de la République, M. Ben Ali, deux buffets sont organisés. L'un de cuisine continentale d'une banalité internationale, l'autre d'appétissante cuisine locale pour les personnages semi-importants. Décidément inintéressée par le premier, je propose d'aller examiner le second et, en compagnie de trois membres du Service Privé, nous nous installons dans la salle que nous trouvons pratiquement déserte. Peu après, l'intendant du Palais s'assied à mes côtés. Il est, lui, dans « sa » zone, et il ne manque pas de nous le rappeler. Mais le soleil brille à l'extérieur et pourquoi ne pas voisiner démocratiquement.

Une des « éminences » de l'Élysée, perdue dans ses pensées, déjeune rapidement à un bout de la salle. Visiblement, il se nourrit. Tout à coup, malencontreusement, il renverse sur sa veste quelque chose qui ressemble à de la sauce tomate, causant une énorme tache. Sans émotion apparente il termine son repas. En sortant, il passe auprès des portemanteaux qui se trouvent à l'entrée de la salle, y choisit une veste propre, l'essaie, laisse la sienne à la place et poursuit son chemin. Peut-être le propriétaire de la veste empruntée trouvera-t-il ici l'explication à cette disparition.

Une dame entre deux âges, un châle drapant son épaule, visiblement très parisienne, nous avise, et va ostensiblement s'asseoir à l'autre bout de la pièce. Les maîtres d'hôtel s'affairent, le déjeuner est vraiment bon. L'équipe sympathise, tout va bien. Apparaît un monsieur très élégant, qui balaie la salle d'un calme regard circulaire. La dame, tout émoustillée, se lève, s'avance vers lui :

« Oh, monsieur, il me semble que vous êtes la seule personne d'importance dans cette salle à manger ! »

Et lui de répondre, olympien : « En effet. »

Puis il tourne les talons. La dame se rassied, dépitée. Évidemment je pouffe de rire.

« Madame Delpeuch, madame Delpeuch, tenez-vous bien, c'est un conseiller ! »

J'ai du mal. Décidément, on ne peut pas me faire confiance, je suis insortable dans le grand monde. Peut-être, mais je sais aussi faire le lièvre en royale. Je le sers accompagné de la mique de maïs. C'est un plat mythique et ma version est le résultat de la mise en commun de confidences de grandes cuisinières locales. Je ne l'ai jamais proposé pour la table du Palais, car il m'avait été précisé que le Président n'y souhaitait aucun gibier. Je pense toujours à deux grandes dames de ma région lorsque les gestes s'enchaînent sur ce que je considère la plus fascinante construction de la grande cuisine périgourdine.

L'hôtel Bonnet à Beynac, connu de toutes mémoires depuis le temps des gabariers, avait soutenu dans les années 30 et 40 une solide réputation de bien vivre, grâce au talent de sa cuisinière et propriétaire, Mme Bonnet. Je l'ai rencontrée alors qu'elle ne quittait plus son grand fauteuil d'osier. Les yeux pétillants sous une lourde couronne de tresses blanches, elle avait accepté de dévider pour moi ses souvenirs de cuisine, et m'avait confié quelques-uns de ses tours de main. Son fameux lièvre en royale était de ceux-là. J'ai fait la connaissance de Mme Muzac mère, par l'intermédiaire de son fils Louis. Dans cette famille de médecins à la campagne, on était aussi cuisiniers. Et quels cuisiniers ! J'ai aimé cette petite et mince femme, aux joues rondes et ridées comme une reinette à la fin de l'hiver, qui regardait le monde avec la profonde sagesse que donne une vie accomplie. Elle m'a expliqué, sans façon, la composition de la farce du lièvre.

***

Le lièvre en royale

Le marché pour quelques très bons amis

Il est impératif de travailler avec des produits absolument parfaits pour réaliser ce plat mythique, régal de gourmets.

1 beau *vrai* lièvre
2 beaux *foies gras d'oie* d'environ 500 g chacun
200 g de poitrine de vrai porc
200 g de quasi de veau élevé sous la mère
400 g d'excellentes *tuber melanosporum*
(truffes du Périgord) parfaitement mûres
1 litre de bon vin du Sud-Ouest : un bon cahors bien charnu
ou un excellent madiran bien tannique feront l'affaire
1/2 litre de monbazillac
1 verre de vin blanc sec
vinaigre de vin, huile de noix, thym, laurier
3 gousses d'ail, 1 bouquet de persil
sel fin de Guérande, poivre du moulin
graisse d'oie pour les cuissons
1 crépine entière
100 g de couennes fraîches

La veille :

- Avec beaucoup de soin, désosser le lièvre sans percer la peau (chaque geste compte). Réserver soigneusement ensemble, le peu de sang que vous pouvez recueillir, le cœur, le foie en prenant grand soin d'enlever le fiel.

- Mettre les chairs obtenues en un seul morceau dans un plat creux avec 2 cuillerées d'huile de noix, 2 cuillerées de bon vinaigre de vin, 1 gousse d'ail partagée en deux, le verre de vin blanc sec, le thym et le laurier. Laisser mariner 24 heures en ayant soin d'arroser le lièvre avec la marinade à deux ou trois reprises.

- Arroser les os avec le monbazillac et les réserver.

Au jour décidé pour le régal, compter 1 à 2 heures de préparation et 6 à 7 heures de cuisson.

- Préparer la farce avec le porc et le veau haché, 1 gousse d'ail pressée, le persil haché, 50 g de truffes écrasées à la fourchette, et assaisonner.

- Étaler le lièvre sur la table en épongeant la marinade. Sur un côté du lièvre dans le sens de la longueur, mettre une couche de farce, émincer 20 à 30 g de truffes, placer les deux foies gras d'oie tête-bêche, et enfin une autre couche de farce. Rabattre la seconde partie du lièvre sur l'ensemble et envelopper dans la crépine en lui gardant la forme que vous lui avez donnée (proche de sa forme initiale).

- Dans une cocotte en fonte à fond très épais, faire fondre un peu de graisse d'oie, et placer le lièvre à dorer doucement. Le retourner avec précautions et assaisonner. Ajouter les couennes et le bouquet garni de la marinade et mouiller avec le vin rouge. Laisser frémir sans y toucher pendant 5 à 6 heures, au moins. (Il n'est pas interdit de goûter après les trois premières heures ; c'est ce que je fais toujours car j'adore les sauces au vin rouge !...)

- Pendant ce temps, porter à ébullition dans une casserole les os du lièvre avec le monbazillac, et réduire à très petit feu, pour obtenir 2 cuillerées d'un sirop très concentré. Réserver.

- Réduire de même la marinade, jusqu'à une cuillerée.

- Faire une purée très fine avec le foie et le cœur du lièvre et la mélanger au sang.

- Couper les truffes restantes en gros cubes.

30 à 45 minutes avant de servir :

- La sauce ne doit surtout pas bouillir, juste à peine frémir. Enlever le bouquet garni, ajouter une cuillerée de sauce chaude dans la préparation au sang de façon à la réchauffer, puis la verser sur le lièvre.

Selon le goût, et de façon à doser l'amertume et la douceur, ajouter la quantité désirée des deux décoctions (sirop monbazillac et réduction marinade).

• Ajouter les truffes en cubes et maintenir chaud pendant encore 30 minutes.

• Servir le lièvre aussi chaud que possible, à la cuillère, rejoignant ainsi avec ses amis le groupe limité de privilégiés qui ont eu le plaisir de goûter à cette merveille.

* * *

Dresser la table des repas présidentiels relève du rite. Dès l'annonce d'un repas, deux ou trois personnes, sous la conduite de la responsable de la lingerie, Mme Blondeau, Lucienne pour les plus familiers, prennent possession de la salle à manger, chargées d'un fer à repasser et des nappes, le plus souvent rondes, portées fraîchement repliées à bout de bras. Le linge, déployé sur les tables, le tombant d'égale longueur mesuré à l'aide d'un mètre de couturière, les faux plis effacés, m'ont donné l'envie d'aller visiter la lingerie, située sous les toits du Palais. Puis, vient le tour de l'argentier et, enfin, celui du fleuriste, M. Duvivier. Le décor installé, ils cèdent la place aux maîtres d'hôtel. Voir la perfection du geste de ces différentes personnes tient du rêve, et j'aime à les rencontrer quand, calmement après la fête, ils remettent de l'ordre dans les écrins et les tiroirs.

La lingerie, aux murs couverts de magnifiques boiseries de chêne blond, donne sur la cime des arbres du parc. Lucienne a eu la gentillesse d'ouvrir pour moi les grandes armoires où reposent les chefs-d'œuvre de broderies. Et

M. Louis Niol m'a aussi montré, très fièrement, les prestigieuses pièces d'orfèvrerie dont il était responsable, précautionneusement nettoyées après chaque utilisation. J'ai été d'autant plus attentive à manipuler avec délicatesse les assiettes en porcelaine de Sèvres que l'on me donne à tenir au chaud pendant le service, que je sais où elles seront placées.

Chaque année, au mois de mai, le Président invite ses proches au Palais. À la campagne, c'est une tradition familiale. On l'appelle chez moi la réunion des cousins, et ma mère y exécute ses meilleurs plats, toujours les mêmes.
Pour cette occasion, en 1989, les huit frères et sœurs de François Mitterrand et leurs conjoints doivent dîner dans la salle à manger et aller ensuite retrouver les cent quarante cousins, nièces et neveux, pour partager le gâteau.
Le Président, m'a donné carte blanche. Je sais que cette famille a « un bon coup de fourchette ». Présenter une bonne table bourgeoise s'impose, mais je veux y inclure un plat de cuisine familiale, dont j'imagine qu'il leur fera plaisir. Après une longue réflexion, je décide du menu suivant :

Foie de canard en gelée au pineau et pain de maïs
Cassolette d'escargot
Chaudrée charentaise
Plateau de fromages

Je dois absolument me renseigner sur l'origine de la chaudrée. Je ne peux pas me tromper. Je ne connais pas encore bien la Librairie Gourmande, rue Dante, et ses infinies ressources. À Beaubourg, je ne trouve rien de vraiment satisfaisant sur la cuisine de Charente. La Chambre d'agriculture du département me donnera le nom de plusieurs personnes, dont une dame qui me racontera l'histoire de la recette et son déroulement. Je me souviens très bien de son intérêt passionné, et j'ai longtemps espéré retrouver le papier sur lequel j'avais écrit ses coordonnées pour la rappeler. Il aurait fallu le redemander à la Chambre d'agriculture. Je ne l'ai pas fait, les jours ont passé. Je voudrais qu'elle sache que j'ai eu beaucoup de plaisir à suivre point par point ses instructions. Que toute la famille Mitterrand avait, grâce à elle, longuement évoqué ses souvenirs de jeunesse. Que cette soupe, servie en plat, était en tout point semblable à celle que leur servait leur grand-mère. Qu'elle m'a donc permis de rendre une famille heureuse, le temps d'un repas. M. Barthélemy, le fromager, dessinera dans l'esprit du menu un généreux assortiment de fromages, sur une plaque de marbre, destiné à la salle à manger. Il apporte une magnifique composition de plateaux fixés sur une grande branche de chêne, pour la salle du banquet.
Toute la famille se retrouve autour du traditionnel gâteau.
Le Président me fera passer ses chaleureux remerciements pour la chaudrée.

À une autre reprise, il me fera transmettre des excuses pour un retard de deux heures.

La rareté de ces communications directes en faisait tout le prix.

Les courtes mais toujours précises conversations sont plus faciles dans les Landes. Le patron y est plus détendu et l'atmosphère familiale sans façon. J'y retrouve l'ambiance des marchés et la qualité du travail des artisans locaux.

* * *

La chaudrée charentaise

Le marché pour 6 personnes

500 g de blancs de seiches
12 gousses d'ail
3 petits oignons
1/2 litre de bon vin blanc sec
1,5 kg de poissons blancs comme soles, raiteaux, turbots
3 grosses pommes de terre à chair ferme
100 g de beurre

Cette soupe de poisson, typique des Charentes, est caractérisée par la présence de blancs de seiche et de pommes de terre.

• Faire revenir à petit feu l'ail et l'oignon émincé dans 100 g de beurre, puis ajouter les blancs de seiches découpés en fines lanières. Faire cuire pendant 15 minutes en remuant constamment.

• Ajouter le vin blanc sec et autant d'eau. Assaisonner et laisser cuire à couvert pendant 1 petite heure.

• Pendant les 15 minutes restantes, ajouter les pommes de terre coupées en gros cubes, et les poissons. Laisser frémir et servir avec des croûtons frits au beurre.

* * *

Les fêtes du 14 Juillet 1989, bicentenaire de la Révolution française, n'ont pas manqué de nous procurer à tous, dans le Service Privé, notre lot d'émotions et de situations cocasses. Depuis les incroyables embouteillages qui ne nous facilitent pas les approvisionnements, jusqu'au merveilleux ballet aérien que l'armée de l'air présente, entr'aperçu depuis les toits du Palais, en passant par la traditionnelle garden-party dans le parc de l'Élysée, les journées sont longues. Les salles à manger tournent à plein régime. Tout le monde est un peu débordé. Les services de sécurité du monde entier essaient parfois d'harmoniser leur efficacité car en même temps se tient le Sommet des sept pays les plus industrialisés du monde.
Les huissiers nous ont rapporté la cocasse aventure de M. Rocard qui, sauvagement harponné par un immense Yankee au bas de l'escalier d'honneur, criait :
« Mais je suis le chef du gouvernement français.

– *I don't care...* ("Je m'en fiche...") »
Une intervention musclée des services français l'avait tiré, *in extremis*, de ce mauvais pas.

À l'occasion des célébrations du bicentenaire de la Révolution française, François Mitterrand a eu l'heureuse initiative de convier les représentants des pays en voie de développement. Je ne sais quel impact politique cette idée a pu avoir. Je n'en ai pas lu, dans la presse du moment, une relation qui ressemblait à ce que j'ai vu se dérouler dans le parc du Palais.

Au milieu des concertations et des réjouissances obligées dans les différents lieux officiels, le Président invite ses hôtes à se rafraîchir et à se reposer à l'Élysée. Les chefs d'État se promènent dans les jardins, et les conversations semblent sereines, amicales et animées. L'Américain avec l'Indien ou l'Anglaise avec l'Africain ne sont plus, sous le beau soleil calme, et loin des médias, que des êtres humains, semblant échanger une réelle volonté de bien faire et d'aider la planète à vivre en paix.

Nous avons préparé un grand thé. Je l'ai conçu comme je pense que doit être un thé à l'anglaise. Je n'ai pas eu la confirmation d'être tombée vraiment juste, mais il m'a été rapporté que Mme Thatcher y a fait honneur.

Mes accompagnements du thé à l'anglaise sont les muffins, les scones, les biscuits au gingembre, le massepain, les gaufres Suzy, le beurre d'anchois, les rillettes aux truffes.

Carnets de cuisine, du Périgord à l'Élysée

* * *

Les scones

Le marché pour 12 scones
225 g de farine avec poudre levante
1 pincée de sel
50 g de beurre mou
25 g de sucre en poudre
1 œuf battu
75 ml de lait tiède

Accompagnement typique du thé anglais : comme ils sont très rapides à faire, je les pétris tout en accueillant mes invités et les sers à la sortie du four, encore chauds, avec de la crème fraîche non pasteurisée que je trouve sur le marché de Brive-la-Gaillarde.

• Faire un puits dans la farine, y mettre tous les ingrédients et mélanger d'une main très légère.

• Façonner de petites boules de la taille d'une mandarine, les déposer sur une surface farinée, et les aplatir d'une petite tape.

• Mettre à four chaud pour 10 minutes, et servir immédiatement.

* * *

L'après-midi du 14 Juillet, libérée quelques instants de mes obligations, je m'essaie à reconnaître, parmi les invités à la réception annuelle dans les jardins du Palais, les visages connus. Ici, une vedette du petit écran fait le pitre, sans grand succès ; là, la directrice d'une chaîne de radio papillonne. J'ai du mal à me libérer d'un Périgourdin, flanqué de sa fille en élégante tenue de garden-party, qui, faute de pouvoir fondre sur la main du Président, entame une conversation animée avec ce qui lui tombe sous la main : la cuisinière. J'ai su par la suite qu'il laissait entendre modestement, dans les dîners sarladais, qu'il m'avait chaudement recommandée à son cher ami François Mitterrand. Dois-je préciser que, lorsque je le rencontre maintenant, il a quelque hésitation à me reconnaître ! J'aperçois dans la foule enfin quelqu'un qui a l'air naturel. Intéressé et paraissant heureux d'être dans un si bel endroit, le comédien André Dussolier se promène avec une ravissante amie. En me présentant à lui, je souhaite seulement faire sa connaissance, mais nous avons une longue et très intéressante conversation. En confrontant nos expériences, elles apparaissent comme parallèles. La concentration qui préside à la mise en chantier et la délivrance d'un repas semble être de même nature que celle dont il use dans son métier. Je lui confie mon rêve adolescent de monter un jour sur les planches. Il me propose son aide et me donne rendez-vous... un jour.

Ce soir-là, il y a trois dîners différents dans trois salles à manger. La grande cuisine, surchargée par les banquets d'apparat, n'a pu m'envoyer de l'aide. Vers minuit, nous sommes exténués. Sachant qu'il me reste encore deux bonnes heures de travail et que, dès le point du jour, nous risquons d'atteindre le même degré de frénésie, j'envoie tout le monde au lit et, dans la maison devenue silencieuse, je cherche un endroit pour un bref repos. Je n'ai plus le courage d'aller jusqu'à mon domicile et mon choix est immédiat.

Au cœur du Palais, se trouve une petite pièce que l'on ne visite pas, et qui est ma pièce préférée : c'est le Salon d'argent, situé dans les appartements privés, un peu à l'écart. La décoration toute en subtilité, exécutée pour Caroline Murat qui en fut l'heureuse propriétaire, donne une impression de douceur. Les canapés et les fauteuils, dont les boiseries sont recouvertes d'argent et les coussins tapissés d'une fragile soie mauve, meublent ce charmant salon qui donne, par deux de ses côtés, sur le parc. La moquette y est épaisse, le tapis qui la recouvre plus encore.

S'y trouve à demi déroulée, et prête à être emportée au musée des cadeaux présidentiels, une grande tenture kitsch, représentant un immense portrait du président de la République tunisienne en habit, sur fond de minarets et de déserts africains. En tenue de cuisinière, je m'allonge par terre, près de son grand sourire carnassier, pour ce que je pense devoir être un léger assoupissement de quelques minutes. Les premières lueurs du jour m'ont trouvée, parfaitement reposée, mais légèrement surprise par ce voisinage impressionnant. Ragaillardie, je saute dans ma voiture pour aller au marché avant que Paris soit bloqué par les embouteillages.

Un jour, j'ai fait une découverte, que je livre sous toute réserve : la cuisson du soufflé de légumes peut se faire en deux fois !
Un matin, le téléphone sonne à la cuisine du Palais.
« Bonjour madame, François Mitterrand à l'appareil. Je souhaiterais inviter chez moi rue de Bièvre, en dîner privé, le Président Mikhaïl Gorbatchev et Madame. Le dîner doit être simple, mais de très bonne tenue. Pourriez-vous, s'il vous plaît, me faire parvenir, dans l'après-midi, trois propositions. »
Tout d'abord, j'essaie de m'informer dans la maison afin de connaître le menu des dîners de gala qui leur seront offerts et qui seront réalisés par la grande cuisine. N'obtenant aucune réponse de mes collègues, j'appelle l'ambassade d'Union soviétique. En me présentant, je demande des renseignements sur les goûts du chef de l'État et de son épouse. On me rappelle après vérification : ils apprécient la cuisine française, mais la dynamique Raïssa déteste le poisson. (Petit plaisir, lorsqu'après la visite, j'aurai connaissance des menus officiels : du poisson à chaque repas !)
Nous sommes à la meilleure saison pour les truffes. Je fais passer trois projets au secrétariat du Président. Le premier, mon préféré, sera retenu.

Soufflé de courgettes
Truffes en croûte
Filet de bœuf sauce madère
Salade de mâche — Plateau de fromages
Glace aux trois chocolats

Mme Mitterrand me demande d'ajouter, au dessert, les muffins à l'orange dont je tiens la recette d'une amie américaine, et qu'elle affectionne particulièrement.
Je téléphone à un bon copain du pays : je veux six belles *tuber melanosporum* fraîchement cavées, d'environ soixante à soixante-dix grammes chacune et, si possible, du triangle d'or de la truffe, que je connais bien, puisque ma ferme est au milieu. Un jeune cousin de cousin, qui vient à Paris pour une réunion de travail, va aimablement m'apporter, la veille du dîner, six joyaux, enveloppés dans « la » feuille de salade traditionnelle, puis dans de la mousse. Il repartira, tout excité d'avoir pénétré à l'intérieur du Palais par la porte de service.

Le grand jour, penchée sur mes fourneaux, j'entends les commentaires à la radio, à propos de ce dîner. Il est bien connu que le Président n'a jamais reçu un chef d'État à son domicile privé, aussi les journalistes, ne sachant que dire, s'interrogent pour connaître quelques détails sur cette invitation. Soutien au chef de l'État soviétique ? Audace politique ? Invitation amicale ? Rien n'a encore filtré. Je sais que la teinte de ce dîner sera amicale, mais ce serait un peu simpliste de le réduire à cet aspect.

Quoi qu'il en soit, j'ai pu réunir tous les ingrédients nécessaires pour un beau dîner. Seul, le soufflé de légumes me pose un petit problème d'organisation. Mais je pense que mes bonnes relations avec « la protection rapprochée » du Président vont m'aider à mettre au point la cuisson de dernière minute, puisqu'il est communément admis que le soufflé n'attend pas !

L'installation simple et l'exiguïté de la cuisine de la rue de Bièvre m'offrent moins de facilité que ma cuisine à l'Élysée. Ainsi, chaque fois qu'un repas est prévu au domicile du Président, les préparations de base sont effectuées au Palais puis transportés sur place dans le coffre de ma petite voiture. Mon arrivée rue de Bièvre, encore ouverte à la presse en début d'après-midi, se fait sous les caméras. Ce seront les seules images de ce mémorable dîner : la cuisinière et ses casseroles !

Quelques heures plus tard, je suis en place. Pour venir du palais Marigny où ils sont logés, jusqu'à la rue de Bièvre, le chef de l'État soviétique et son épouse empruntent, pour raison de sécurité, un itinéraire balisé à la demi-minute près. Le repas commencera immédiatement.

Une communication interne m'informe que l'horaire est respecté : François et Danielle Mitterrand quittent l'Élysée, je bats les blancs en neige et les incorpore à la crème de courgettes. Ils arrivent à Marigny. Les Gorbatchev montent dans la voiture qui leur est réservée.

J'enfourne... vingt minutes de cuisson, je suis dans les temps. Je respire.

Je ne saurai jamais pourquoi les voitures font demi-tour et rentrent dans la cour de Marigny, ni pourquoi Mme Gorbatchev rejoint ses appartements pour dix très longues minutes... Je suis devant ce four où, à travers le hublot, je vois les soufflés se comporter, eux, normalement : ils montent. La mort dans l'âme, je sors mes chefs-d'œuvre du four, à la moitié de leur ascension. Eh bien, voilà ! c'est raté. J'ai le temps de me traiter de sotte. Le maître d'hôtel est compatissant, je considère les magnifiques menus rédigés pour cette historique occasion, le texte ne laisse aucun doute, et pas moyen d'y substituer le terme : crêpes de courgettes !... Le cortège présidentiel a repris la route. Fataliste, je remets à cuire des galettes flasques qui auraient dû avoir une légèreté de nuage.

Les invités passent à table. Dans le four, les soufflés ont un aspect réjouissant. Le maître d'hôtel les présentera, au juste moment, magnifiques, accompagnés de leur coulis de tomates. Ainsi, les soufflés peuvent-ils cuire en deux fois et être parfaits...

Les truffes suivront, dans un feuilleté aérien, avec la vraie sauce madère et susciteront une conversation animée. La proximité du lieu du repas me permettra de suivre et d'apprécier une traduction simultanée qui n'entravera à aucun moment les vivacités et la spontanéité du dialogue.

François Mitterrand nous présentera à ses hôtes, à l'issue de ce dîner dont il me dira avoir apprécié l'authenticité.

Je retiendrai, vivement imprimés, le craquant sourire de M. Gorbatchev et la pétulance de son épouse.

Sur le chemin du retour vers les cuisines du Palais, le maître d'hôtel, pratiquant l'humour noir, me dira :

« Avez-vous réalisé, Danièle, que ce soir nous aurions pu empoisonner les présidents de deux des plus importantes nations du monde... »

Oui, c'est vrai, ce sont des gens très importants ! Pourtant, ils se sont comportés comme deux collègues de travail, l'un russe, l'autre français, en charge d'une tâche considérable, et se reposant au cours d'un dîner de bonne tenue.

* * *

Les truffes en croûte

Le marché pour 6 personnes
6 belles truffes rondes de 40 à 50 g chacune
3 tranches fines de jambon de campagne
1 petite boîte de foie gras de 250 g (facultatif mais très intéressant !)
1 kg de pâte feuilletée au beurre

Le plus délicat de cette réalisation réside dans le fait de trouver les belles truffes. Il est préférable de faire les truffes en croûte à la bonne saison, c'est-à-dire de janvier à mars.

- Découper un cercle de pâte feuilletée par truffe, de 12 à 14 cm de diamètre.

- Sur un demi-cercle, déposer une demi-tranche de jambon de campagne (tartiner légèrement de foie gras si vous avez choisi la folie complète), déposer la truffe au milieu du demi-cercle, ajouter du poivre (pas de sel à cause du jambon) et refermer le chausson. En humectant les bords, coller en pressant légèrement. Dresser sur une plaque et laisser reposer au réfrigérateur pas plus d'1 heure.

- Mettre à four chaud et cuire pendant 35 à 40 minutes.

Elles peuvent être accompagnées d'une sauce madère, mais personnellement je préfère les manger en croquant dans le chausson. Avec un bon petit médoc, elles constituent un goûter parfait après une grande balade en forêt !

* * *

Dans ma cuisine au Palais, plus qu'ailleurs certainement, j'avais le privilège de recevoir des produits de grande qualité. Tout en observant des principes d'économie raisonnables pour la vie courante, les déjeuners ou les dîners priés me donnent l'occasion d'utiliser en saison ces merveilles venues de ma région : les truffes.

Sur mon carnet, en février 1989, brouillade de truffes de Ladornac.

De passage en Dordogne, au meilleur de la saison, j'ai acheté et rapporté à Paris deux cents grammes de superbes *tuber melanosporum*, mûres à point. Je sais que le Président, amoureux et connaisseur, en appréciait la forte et délicate subtilité.

Tout le monde sait qu'il est dommage de manger des truffes à Noël. Dans la majorité des cas, elles ne sont pas mûres. Ce sont les truffes pour les lapins sauvages. À fleur de terre, on les trouve souvent entamées par les garennes qui ont assaisonné leur déjeuner. On les ramasse, bien sûr, et on les enveloppe dans une feuille de salade. En les gardant au frais, on attend pendant huit ou dix jours, une éventuelle maturité. Puis on en fait la première omelette, dont la saveur encore ténue, mais déjà présente, vous ouvre le palais pour les prochains régals.

Le moment des gelées, en principe, après le premier de l'an, refroidit la terre, permet aux truffes de mûrir et de répandre cette odeur suave et entêtante, reconnaissable entre toutes. À ce moment-là, les fous de la truffe, dont ma famille fait partie, perdent la tête. Sur les marchés, le coin des vendeurs de truffes attire irrésistiblement. Au moindre rayon de soleil, sur les midi, on va débusquer « la mouche ». L'emploi du temps s'organise autour des jours à caver. Tout est attention, décryptage de la forêt et de sa vie souterraine. Ne pas en trouver est une aventure ; en trouver, une pure jouissance.

L'amateur met tout son talent à acheter les vrais œufs de ferme pour les enfermer pendant trois ou quatre jours dans un bocal hermétique avec ses trouvailles, en veillant à supprimer toute condensation. Puis la cuisinière, avec un soupçon de beurre, graisse d'oie et huile d'olive, mitonne, pendant cinq minutes, la brouillade.

On la sert avec de grandes tranches de pain de campagne beurrées. Ou bien, on fait cuire à la coque les œufs ainsi truffés, dans la cendre, et on les accompagne avec des mouillettes tartinées de foie gras.

Après cela, le virus est transmis. La truffe ne sera plus seulement une chaude rondeur parfumée sous une serviette blanche, dans un grand restaurant. Elle évoquera une belle cheminée, après une grande balade dans les bois, des amis autour du feu, surveillant et espérant les cuissons. Un bon médoc sera le complément de ce rustique et ineffable casse-croûte de gala.

Il y a du mystère dans la truffe, ses « inventeurs » font l'objet d'un intérêt passionné. Leur histoire se déroule et s'enjolive comme un thème de conte. On peut parler sans fin du mythe et de la mythologie de la truffe. C'est un fabuleux sujet de conversation, et même un sujet de thèse universitaire.

M. Bonnet est l'un de ses inventeurs. Dans les années 20, agriculteur à Carpentras, lassé de récolter des salades et des légumes de plus en plus difficiles à vendre, il décide de sauter le pas. Son terrain présente éventuellement les caractéristiques des zones truffières, il faudrait le planter en chênes truffiers. Mais il semble dommage de courir un tel risque, alors qu'il a fait récemment un investissement d'installation d'arrosage. On lui conseille donc de continuer à faire pousser ses légumes.

Lorsqu'il plante les premiers chênes truffiers, toute la Provence maraîchère rigole. Dix ans après, plus personne n'en a envie. M. Bonnet vient au marché, en costume trois-pièces, tel un prince, avec ses paniers pleins de truffes, grosses comme des oranges. Le sol bien nettoyé les laisse pousser en paix. Il devient une vedette lorsque les sécheresses du mois d'août 1976 mettent au chômage les rabassiers provençaux. Ses installations d'arrosage lui ont servi à apporter à la truffe en formation une indispensable humidité. Il aura cette année-là une récolte superbe.

« Orage d'août, rabassier prépare ton panier. » Mme Bonnet m'a permis de divulguer les secrets du ragoût de truffes au vin rouge qu'elle m'avait confiés, sous le sceau de la confidence, il y a quelques années. Son arôme puissant rejoint dans ma mémoire le ragoût de haricots, truffes et saucisses de ma grand-mère Julia. Ces recettes donnent son plein sens rustique à ce produit de la terre, qui ne s'accommode, selon moi, ni de méthodes sophistiquées, ni d'élucubrations de chefs à l'esprit confus.

Carnets de cuisine, du Périgord à l'Élysée

* * *

Le ragoût de truffes

Le marché pour 6 personnes
300 g de truffes pour de petits gourmands
ou 600 g pour de gros gourmands
2 verres de bon vin rouge
1 verre de bon bouillon
1 oignon
3 échalotes
1 gousse d'ail
15 g de farine
1 feuille de laurier
2 cuil. à soupe d'un bon jus de viande (veau ou bœuf)
2 cuil. à soupe d'huile d'olive

- Faire revenir l'oignon émincé, les échalotes hachées et l'ail écrasé dans l'huile d'olive en veillant à ne pas colorer.

- Ajouter la farine, laisser roussir légèrement 1 minute ; ajouter le vin et le bouillon, la feuille de laurier, et laisser cuire 30 minutes.

- Ajouter à ce moment-là les truffes coupées en très gros dés, le jus de viande, et laisser cuire 15 à 20 minutes.

- Servir chaud, avec des croûtons frits à l'huile d'olive.

* * *

Il m'a été dit, lorsque j'ai été engagée au Palais, que la place que j'occuperai se trouve à l'intérieur de la hiérarchie cuisine, elle-même nichée au cœur du Palais. J'ai abordé cette situation avec la tranquille attitude du membre nouveau, paisiblement accueilli.

J'ai réalisé, un certain nombre de faux pas « politiques » plus tard, que la compétition y est féroce, et le combat sans pitié. Le désir délibéré du Président de confier quelques instants de son approche gastronomique à une femme, a ulcéré jusqu'à la moelle quelques-uns de ces messieurs. La corporation s'est donc fraternellement unie pour mettre au pas la nouvelle cuisinière.

Il m'a été, aimablement mais fermement, conseillé de traverser en sous-sol tout le Palais dès 11 h 30 du matin, afin de prendre mes repas avec l'équipe dirigeante de la grande cuisine. Une place m'est réservée à la table du chef. J'ai trouvé cela courtois, voire attentionné.

Un peu intimidée, mais sans chercher midi à quatorze heures, laissant mon propre travail là où il se trouve, je m'y rends dès le premier jour, en compagnie de mon aide. J'ai d'abord senti la surprise, silencieuse mais réprobatrice, devant ma tenue. Composée d'une blouse et d'un tablier de coton noir du même modèle que ceux qu'on utilise à la campagne, elle a le mérite d'être bien coupée et pratique. De plus, elle montre clairement ce que je revendique : je n'ai pas appris la cuisine à l'école, mais elle m'a été transmise par ma mère. Doctement contestée par les « éminences », dès mon arrivée, il faudra rien de moins qu'une simple phrase du Président, intéressé par l'originalité et l'authenticité de ma tenue, pour faire cesser les réflexions peu amènes.

Dans la salle à manger de la grande cuisine, les tables rondes dressées pour cinq à six personnes m'ont paru promettre un déjeuner convivial. La nourriture, correcte mais sans chaleur, est d'une simplicité spartiate pour les subalternes dont je suis. Celle qui est servie aux trois chefs de la grande cuisine présents (chef, sous-chef et chef pâtissier), est identique, mais agrémentée de légumes tournés et d'une sauce spéciale, et arrive coiffée d'une cloche en argent. Présentée à la table où je suis, devant ces messieurs, par l'un des jeunes cuisiniers de service, avec toutes les marques du respect, elle indique le début du repas et celui de la conversation.

Au bout de deux semaines, après avoir espéré des échanges, et un service plus courtois à mon égard, je me suis définitivement excusée.

Plusieurs mois plus tard, le chef, M. Normand, me demandera poliment au téléphone pourquoi je ne lui fais plus l'honneur de partager son repas de midi. Je propose de le lui expliquer lors d'une rencontre que je serai heureuse d'accepter. Il ne m'en parlera plus jamais.

Les peaux de bananes seront nombreuses. Pour la plupart, mes naïvetés politiques me permettront de les éviter. Les accusations fantaisistes et cocasses de vol de nourriture de luxe (sans doute pour nourrir ma famille affamée !) remonteront tout de même jusqu'aux oreilles du Président et de Mme Mitterrand, qui m'interrogeront sur la question chacun leur tour. Il me faudra un quart de seconde pour détromper le patron et je renoncerai rapidement à convaincre son épouse qui, de toute façon, s'en fiche royalement.

Au bout de huit mois environ, les rumeurs persistant, je demanderai un entretien au Président, afin de lui proposer un autre mode de fonctionnement. Il me recevra longuement. La conversation sera aisée, roulera sur des sujets totalement différents de mes préoccupations du moment, les remettant par là même à leur vraie place, et me donnera plusieurs mois de tranquillité d'esprit.

La bataille ayant repris et fait un chemin d'autant plus solide que je ne m'en préoccupe pas vraiment, je décide de m'en revenir vers mes premières amours en Périgord. J'ai accepté cette charge à Paris, avec l'idée de créer l'ordre et l'harmonie autour de la salle à manger du Président. Cela n'est plus possible, et il n'est pas question de lui demander, une fois de plus, de faire le ménage.

Je ne sais si, au cours de ce séjour à l'Élysée, je me suis située en deçà ou au-delà de cette farouche compétition. En tout cas, j'y ai appris beaucoup de choses et gagné un ami, un maître d'hôtel : Philippe Sortais, la seule droite et fine lame qu'il m'ait été donné de connaître dans les services du Palais.

C'est ailleurs que j'ai aimé rencontrer, à travers les artisans fournisseurs du Palais, des gens de qualité, toucher de beaux objets et capter l'atmosphère des ambiances riches de passé et d'histoire.

Il m'a été offert de côtoyer François Mitterrand que je considère être l'un des grands caractères de notre temps. J'ai vécu un moment intensément privilégié. Il est temps de changer de cap. L'occasion m'en sera offerte par Mme Mitterrand quelques mois plus tard.

Le Palais est annoncé désert pour les quatre jours à venir. Le Président est en voyage et son épouse, victime d'un mauvais refroidissement, se trouve rue de Bièvre. Le service minimum assuré, les réfrigérateurs du Palais au repos, la majorité du personnel responsable est dispersée en France. Il est 10 heures, ce dimanche matin. Je m'assure que le nécessaire a été fait pour que Mme Mitterrand dispose de tout ce dont elle a besoin pour la journée, et je décide d'aller au marché près de la Bastille, et de prendre, chez mes deux filles, l'un de ces petits déjeuners-longue discussion sous la couette que nous affectionnons.
Vers 14 heures, je prends contact avec le Palais, comme le service ne me le demande même pas ! Panique à bord, on me cherche partout ! Mme Mitterrand a alerté son mari, en Italie, et le responsable du service, dans sa famille à Tours. Le standard de l'Élysée me signale sèchement que je vais avoir un problème.
Je rentre chez moi, trouve sur mon répondeur téléphonique divers messages. Je me mets en contact avec le standard et attend. Je téléphone rue de Bièvre. Mme Mitterrand ne souhaite pas me parler. Je ne recevrai un appel d'Italie que le soir vers 23 heures, de l'aide

de camp du Président. On me commande une dizaine de plateaux avion pour le lendemain matin, 7 heures, livrés à Villa-coublay (lieu de départ des avions privés).

Je prends le temps de rédiger une lettre adressée au Président, lui demandant de bien vouloir m'autoriser à rentrer chez moi, en Dordogne, dans le délai qui lui conviendra. Sachant mes réserves au Palais inexistantes, j'inspecte mes propres approvisionnements. Je prends dans mon réfrigérateur de quoi améliorer un repas pour dix personnes, et me mets en route pour plusieurs heures de travail nocturne.

À ce jour, je ne sais toujours pas si le pâté de foie gras de La Borderie, que je me suis fait un plaisir d'offrir à ces hôtes inconnus, a été apprécié.

J'arrive au Palais vers 3 heures du matin. Les gardes de nuit ne comprennent rien à cette visite, mais ils sont, comme toujours, amicaux et m'offrent du café. À 6 heures, je réveille le maître d'hôtel de service. Il assurera la livraison à l'aéroport. Je rentre me coucher paisiblement et je débranche le téléphone. Dès le lendemain matin, je vais remettre ma lettre au secrétariat du patron, et j'achète un billet d'avion pour New York. Je négocierai très rapidement une petite partie des congés qui me sont dus, et m'envolerai la semaine suivante.

Signe parlant : moi qui ne suis jamais malade, je rentrerai, huit jours plus tard, avec une triple fracture de la cheville droite. Il est temps de me poser pour réfléchir.

Ma demande de mise en liberté sera acceptée sans délai, sans commentaire, et sans considération pour mon état de vulnérabilité. Je prends congé par écrit et ne recevrai aucune réponse à mes lettres.

Je passerai six mois dans ma maison en Périgord, consacrés pour moitié à la remise en état de ma jambe, et pour l'autre, à la remise à niveau psychologique qui s'impose. À cette occasion, je découvrirai que le côté gauche de mon corps a toujours été à la traîne par rapport au côté droit, et qu'il a besoin d'une sérieuse rééducation. Quant à mon esprit, lui, il va très bien.

Comme dans tous les villages de France, chez moi, une aventure se termine autour d'un repas. Si elle a été bonne, c'est pour le partage, et si elle a été mauvaise, pour le réconfort.

En 1995, au début du mois de mars, je réussis à décider trois de mes meilleures collègues à accepter l'invitation de la municipalité de Sarlat. Nous faisons le voyage de quelques heures, depuis Paris, afin d'organiser notre participation bénévole au projet de journée de l'oie 1995. C'est une réunion ratée, à un point inimaginable, et notre bonne volonté est perçue comme une atteinte aux libertés communales. Invitées par deux des conseillers municipaux de cette bonne ville, nous sommes pourtant ce qu'on appelle des valeurs sûres : la présidente des Cuisinières-Restauratrices de France, la directrice des relations internationales pour la gastronomie de la Sopexa, et deux cuisinières confirmées. Quatre bonnes copines, pas vraiment désœuvrées, de celles sur lesquelles on peut compter.

À l'issue de cette réunion inutile, Mme Lacombe, navrée de nous avoir fait venir pour rien, nous accompagne pour visiter rapidement la Coopérative Périgord Foie Gras dont elle assure la direction, et nous offre un magnifique foie d'oie. Délicatement ferme, soyeux et légèrement amolli comme je les aime, il pèse environ huit cents grammes.

Nous arrivons chez moi, à La Borderie. Nous devons reprendre la route de Paris. Nous devrions déjà y être, mais nous sommes affamées et quelque peu désarçonnées par notre matinée. La maison est désertée depuis deux mois, il fait froid et il pleut. Avec le grand feu de cheminée, les idées viennent. Nous nous distribuons le travail et, une demi-heure plus tard, nous nous attablons devant un régal.

Je sais que j'ai au congélateur deux cent cinquante grammes des dernières truffes de la saison et j'ai retrouvé dans un panier quatre pommes de terre un peu ridées datant de mon dernier passage. Coupées en gros cubes, sur la braise légèrement cendrée, elles achèvent de compoter avec les truffes dans la cocotte à pieds de ma grand-mère. Près de la maison, Julia a ramassé les premières caramboles. Ce doux nom désigne les poireaux de vigne dont je n'arrive pas à débarrasser le jardin. Elle les pèle et les fait cuire à la vapeur. Pour faire patienter, Brigitte nous tartine de foie gras cru de belles tranches de pain grillé, et Michelle qui, dans la vie ordinaire, organise des concours internationaux de sommeliers, nous verse généreusement le médoc, qui se révélera un peu frais.

Sur un grand plat ovale en argent, les pommes de terre aux truffes sont entourées des escalopes de foie gras dorées à la poêle, et les carambolles vert tendre déposées en quadrillé. Je verse le déglaçage au verjus dans une saucière. Sans même prendre le temps de faire la vaisselle, nous reprendrons très vite la route de Paris.

« Tu te souviens de cette réunion à Sarlat ?

– De la réunion, non, pas vraiment, mais du foie gras au verjus de La Borderie, oui. Ça, c'était un moment ! »

* * *

Le foie gras au verjus de la borderie

Le marché
1 beau foie gras d'oie
250 g d'échalotes grises
du verjus

À la fin du mois d'août, lorsque les grains de raisin sont pleins, mais qu'ils sont encore acides et qu'ils n'ont pris aucun sucre, je les ramasse et, en les pressant, j'obtiens un jus acidulé que je congèle dans des bacs à glaçons.

Oui, on l'utilise pour déglacer les sauces et aciduler quelques préparations traditionnelles.

Non, il ne peut se stériliser, car il perd toute son originalité.

Mille fois non, il ne peut se remplacer par du citron.

Oui, à la cuisson il révèle son goût de fruits de la vigne, tout en gardant son originalité acide.

Non, ce n'est pas introuvable.

Oui, c'est une saveur d'une subtilité charmante.

J'utilise la valeur d'un « glaçon » pour un poulet, et d'un « demi-glaçon » pour une poêlée de cèpes frais.

Les œufs frits du matin avec un filet de verjus, c'est comme le ragoût de haricots blancs avec des couennes confites, comme le hachis et le filet d'huile de noix que l'on ajoute dans son assiette.

- Prendre un beau foie d'oie de qualité extra : beige rosé, mais pas rosé soutenu, ferme mais pas dur, amolli mais pas alangui.

- Découper le foie gras en tranches de 1 cm d'épaisseur et le poêler vivement à feu pas tout à fait vif. Puis le mettre en réserve sur un linge à l'entrée d'un four tiède. Vous disposez de 3 minutes !

- Enlever l'excès de graisse de la poêle (si le foie est bien choisi il n'y en a pas) et faire revenir les échalotes hachées, sans cesser de les remuer avec une cuillère en bois. Retirer la poêle du feu et ajouter le filet de verjus. Dresser le foie gras sur un plat chaud et arroser avec le jus de cuisson.

SUITE DES CAHIERS DE VOYAGE

Rendue à la vie normale en 1990, je retrouve ma famille et mes amis. Après le confinement élyséen, l'espace rural me décontenance un peu. Quelques personnes essaient de me convaincre de devenir une pourvoyeuse de récits croustillants. Ce n'est pas de mon goût.
Malgré tous les pronostics pessimistes, ma jambe, bien raccommodée aux États-Unis, me permettait de porter de nouveau les hauts talons que j'affectionne. Mon compte en banque largement ponctionné par les chirurgiens américains, les dettes s'accumulant sur le toit de La Borderie, je suis prête pour d'autres aventures.
Lentement une évidence s'impose : les femmes font la cuisine ! Les caractéristiques de leur art sont partie intégrante de la vie quotidienne. Chez plusieurs personnes

que j'ai rencontrées, tout à côté des souvenirs d'enfance, se trouve une recette, ou une sensation parfois fugace, parfois vive, liée à une douceur : la présence de la femme qui les a protégées lorsqu'elles étaient petites.

Peut-on sérieusement la penser de peu d'intérêt cette cuisine, puisqu'elle est de tous les jours ? François Mitterrand, qui avait à cœur de prouver son discernement en toutes choses, avait affirmé tranquillement le contraire.

Tout d'abord, ignorer les arguments spécieux, avec tous leurs corollaires : il n'y a pas de grands cuisiniers chez les femmes ; d'ailleurs, il n'y a pas de trois étoiles ! C'est un métier trop fatigant pour les femmes. Et puis les grosses casseroles sont trop lourdes. Nous engageons volontiers des femmes en cuisine, surtout en pâtisserie où elles montrent plus de sérieux et de dextérité.

Mon sentiment est que la starisation du chef n'a pas apporté que des bonnes choses. Trop préoccupé de son image, le chef star oublie parfois de rester assidûment dévoué aux soins de sa clientèle. Ensuite, les éléments masculins des équipes en cuisine ne sont pas tous des athlètes. Pour terminer, je compte parmi mes amis hommes cuisiniers, des artistes délicats et subtils. Je doute qu'ils soient les seuls sur la planète.

Ne pas oublier cet argument, suspect entre tous, utilisé par les femmes elles-mêmes, ces gourdes : cuisine de femme, cuisine du cœur. Je compte parmi mes amis hommes cuisiniers, des êtres tendres et aimants. De nouveau, je doute qu'ils soient les seuls...

À l'Onu, à New York, j'ai trouvé une photo qui résume mes idées sur le sujet. Elle représente une très jeune femme souriante, qui porte sur la tête, à la mode de son pays, une gerbe de céréales liée d'une toile de couleur vive, visiblement tissée par elle-même. La légende de la photo annonce : « La moitié de l'humanité soutient le ciel. »
Je suis à La Borderie, prête à m'envoler pour faire quelque chose avec toutes ces pièces éparses, encore une fois à une croisée de chemins. Il est 6 heures, je paresse au lit, devant un radieux matin de juillet. Le téléphone sonne, une voix jeune et très sympathique annonce :
« Je m'appelle Patrick Benhamou. Je suis directeur de la Maison de la France en Australie. Je vous appelle de la part de Jean Rougié. Je sais que vous êtes libérée des services de l'Élysée. Accepteriez-vous de venir faire un grand déjeuner à la galerie de l'Opéra de Sydney, dans deux mois ? C'est à l'occasion du lancement de l'année touristique 1991.
– Oui.
– Très bien, je vous envoie une télécopie pour les modalités. Puis-je vous demander de penser d'ici là, à un menu ? il y aura environ cent cinquante convives. »
Jean Rougié n'a laissé à personne le soin de porter ses références, aux quatre coins de la planète. Industriel avisé et compétent, ami éclairé et généreux, homme subtil et superbe cuisinier, il est à la tête de l'empire Rougiéfoies gras. Nous nous sommes rencontrés quand j'étais en charge de l'Association des Producteurs d'oies grasses

du Causse et que, dans les discussions commerciales, ma timidité exacerbait mes arguments en faveur des agriculteurs.

Contrairement à la plupart des conserveurs locaux, il m'a toujours montré une bienveillante affection, qu'il abrite derrière un regard frisant de coquinerie. Nous sommes amis depuis que nous nous sommes affrontés, comme il se plaît à le dire, « à la loyale ». Il m'a appris, entre autres, une chose fondamentale : dans les affaires, il faut être renseigné, il faut tout savoir. Être recommandé par lui signifie être traité comme un hôte de marque, et travailler dans le respect de tous. C'est passionnant et facile.

Jean me donne les derniers potins australiens et une liste d'amis à contacter de sa part. Bien sûr, je n'y manquerai pas, et cela me vaudra non seulement un accueil affectueux de plusieurs de ses relations, mais aussi un petit contrat de travail supplémentaire, une merveilleuse balade en bateau, et une boîte de caviar impérial iranien que je dégusterai avec mes enfants, au retour.

Patrick Benhamou, dynamique organisateur, fait très bien les choses. Un billet de première classe sur Swiss Air rend les vingt-quatre heures de voyage presque agréables.

Je suis quasiment à la fin de mon second roman policier, lorsque le pilote annonce que nous approchons de la côte est de l'Australie. Il fait encore nuit. Nous survolons pendant encore sept heures l'étendue du désert, qui s'allume pour moi avec toutes les nuances du beige rosé,

alors que nous allons à la rencontre du jour. La baie de Sydney apparaît dans la gloire du soleil levant.
Sur le conseil d'un ami, j'ai demandé à être placée sur la gauche de l'appareil et, sous mes yeux, le bleu vert de la baie sert d'écrin à un lourd coquillage effilé qui étincelle sous les premiers rayons : l'Opéra.
À peine sommes-nous posés au sol, il nous est demandé de ne pas bouger, car les services sanitaires du pays doivent officier. Un grand Australien en short impeccablement repassé et grandes chaussettes à larges revers, passe la porte vers nous, referme soigneusement derrière lui, et glisse des sortes de capsules dans les conduits d'aération de l'avion. Rapidement, une ou deux toux discrètes se font entendre. On nous désinfecte...
Une impression assez étrange s'installe. Elle sera présente tout au long de mes deux séjours. Attirance et circonspection de ma part, je ne sais toujours pas décider ce qui l'emporte après plusieurs années, mais je conserve finalement l'idée que si je n'avais pas l'attache de La Borderie, l'Australie serait un pays pour moi.
Policé, désinvolte, du genre grand athlète, joueur de polo et de cricket, l'Australien vit sur et pour son bateau. Solide buveur de bière, à côté de son boulot, il pratique exclusivement les virées entre copains.
La femme obéit en général à l'adage : sois belle, occupe-toi des enfants et tais-toi. Seules quelques pionnières, qui ont compris qu'il fallait laisser les messieurs à leur délire, s'arrangent de la situation et construisent des bastions d'efficacité en prise avec le monde économique

international. J'ai rencontré les deux meilleures chefs australiennes. Reconnues comme telles dans les années 90 par l'ensemble de la profession, ces deux femmes, Gay Bilson et Stephanie Alexander, attentives à leurs racines, ont créé leur restaurant et le font prospérer, même dans les circonstances économiques défavorables du moment. Je serai invitée au grand pique-nique annuel des chefs où je découvrirai la splendeur des coquilles Saint-Jacques, dont le corail de couleur mauve vire au violet brillant à la cuisson.

* * *

Les coquilles Saint-Jacques de Coffin Bay

Les Australiens ont trouvé pour ces merveilleuses petites coquilles Saint-Jacques la meilleure manière de les cuire : ils enlèvent la partie plate de la coquille et laissent le corps du mollusque attaché à la partie bombée.
Ils allument un grand feu sous une plaque en fonte de 2 cm d'épaisseur et, lorsque celle-ci est bien chaude, ils y déposent les coquilles face à la plaque. Elles se retrouvent alors prises sous la partie bombée comme dans un petit four individuel. 3 ou 4 minutes de cuisson. D'un coup de poignet sec, on se retrouve en face d'un délice légèrement rôti en surface mais encore tendre à l'intérieur, dans sa coquille bien chaude. Délicieux !

* * *

Il est 7 heures du matin, la journée est magnifique. À la descente de l'avion, j'ai la surprise d'être accueillie par Elise Pascoe en ces termes :

« Tu as vingt-quatre heures de voyage derrière toi, tu peux aller dormir mais tu peux aussi entrer tout de suite dans la vie australienne. Je te propose le marché aux poissons. »

J'avais rencontré Elise à Dallas, un an auparavant. Nous faisions partie des sept cuisinières venues de tous les coins du monde, invitées par le groupe Les Dames d'Escoffier, pour préparer un déjeuner de mille deux cents personnes, dont le propos est de récolter des fonds destinés à des bourses d'études culinaires. Le Canada, la Chine, l'Espagne, le Mexique, Porto Rico, l'Australie et la France sont représentés.

American Airlines nous a transportées en première classe depuis nos différents pays jusqu'au Texas, et nous offrons notre temps et notre travail. Cette rencontre m'a permis de poser les bases d'un groupe qui donnera naissance plus tard à Cuisinières du Monde.

Après la découverte du marché aux poissons de Sydney, sous la conduite d'Elise, Serge Dancereau, chef du Hilton, ne me laissera pas davantage respirer. Nous irons déjeuner chez un de ses copains, puis les halles, le marchand de légumes, et enfin, d'un coup d'aile, visite de la ferme aux volailles, située à deux cents kilomètres... Le calme et la paix de la ville, le métro aérien silencieux, les ferries en guise d'autobus, les messieurs allant au travail en veston-cravate et short-grandes chaussettes de fil, présentent un dépaysement garanti. Cet immense continent est un autre monde.

J'ai bien dormi cette nuit-là, sans consacrer un seul instant aux effets du décalage horaire. J'avais absorbé un maximum en quelques heures.

Toutes les notions, tous mes repères sont différents. La distance ou les quantités, ou bien encore la place des étoiles dans le ciel, obéissent à d'autres règles. Le soleil tape plus vif, en encourageant les mouches omniprésentes.

La végétation et la faune ne ressemblent à rien de connu. Sur les panneaux du bord des routes, ce ne sont pas des biches ou des chevreuils qui risquent de traverser, mais des kangourous ou des émeus. Les haies d'hibiscus débordent de fleurs larges comme des assiettes, et chaque maison présente son jacaranda aux longues grappes mauves, flanqué d'un flamboyant aux flammes rouge-orange.

Au milieu de cette débauche de couleurs outrées, dans un débordement végétal d'une richesse inouïe, les Australiens affichent une insolente bonne santé, sous un bronzage savamment contrôlé, en même temps qu'une politesse des plus agréables.

Le déjeuner avec les journalistes fut un succès, mais plus par mon aptitude à démystifier le lourd accent, et à répondre en anglais du tac au tac, que par la qualité du menu. Ils ont un désintérêt poli pour ma cuisine, et l'expriment sans s'embarrasser de formules compliquées, persuadés qu'ils sont d'avoir les meilleurs produits du monde, et d'être les seuls à les présenter convenablement.

La magnificence de ce pays de rêve où l'abondance règne est difficilement imaginable. Je ne vois que les récits bibliques de la terre promise qui en approchent. Sous une vaste voûte céleste, crépitante de chaleur, les douces collines striées de rangées de vignes de Barossa Valley. La capiteuse odeur d'eucalyptus qui monte des bois, dans les Blue Mountains. Les énormes *blue crabs* (« crabes bleus ») de couleur turquoise qui se traînent sur un fond de deux ou trois mètres, dans une mer transparente, et qu'il faut aller chercher en plongeant. La profusion de poires, cerises, mangues, pêches et abricots, à donner le tournis à une cuisinière bien au fait des choses du marché. Le paradis terrestre.

Mais simultanément, un puritanisme et un snobisme latent font que cette sensualité qui sourd de la terre, s'évapore sans qu'on en profite vraiment. Au moment de mon séjour, la grande idée était de retrouver la trace de sa grand-mère ou de son arrière-grand-père dans les listes de *convicts* (« forçats ») venus des îles anglo-saxonnes. Le degré d'aristocratie dont on se prévalait était directement proportionnel au sérieux de la condamnation de l'ancêtre. Ainsi, le descendant d'un criminel ou d'une fille légère pouvait fièrement revendiquer un motif valable d'installation dans ce fabuleux pays. Les arrière-petits-fils d'une voleuse de pain ou d'un chapardeur de pommes, ce qui semblait être le plus courant, préféraient adopter un profil bas.

Un tour des écoles de cuisine du pays pour laisser, sans illusion aucune, une trace de mon nom et de mes projets, et j'accepte, sans plus de façon, les nombreuses invitations. Bateau, kangourous, vigne et vins, voitures rapides, ambiance pionniers de luxe, re-bateau, surtout pas de problèmes métaphysiques. C'est bon et reposant. J'y resterai six mois, en deux séjours, sans voir passer le temps. Avant de me diriger vers la Thaïlande, je me rends à Melbourne. Un petit contrat m'invite dans une cuisine, où un jeune chef français propose de la cuisine bourgeoise. Le restaurant Chez Mietta's est connu pour ses soirées littéraires, dédiées à la poésie. L'hôtesse est charmante et me demande si j'accepte d'aller dans la salle à manger avec elle, afin de bavarder avec ses hôtes. Et, me dit-elle, un de ses bons clients, président d'une importante société, y dîne avec son invité qui me connaît.

En entrant dans la salle, je reconnais l'invité. Avocat de New York, il est venu en week-end foie gras à La Borderie trois années auparavant. Arrivé du matin, il avait été surpris de ce qu'on lui proposait comme très exotique : dîner avec la cuisinière du Président français !

Nous tombons dans les bras l'un de l'autre en riant. Et, bien sûr, nous avons regretté que je ne puisse pas lui proposer des rillettes de canard qu'il adorait particulièrement, et qu'il avait découvertes au cours du week-end à la maison. Puisqu'il était en poste à Paris encore pour quelques mois, je lui suggérai pour commencer la journée, d'aller vers

7 heures, rue du Faubourg-Saint-Honoré, au bistrot Rubis, et de demander une tartine de rillettes et un verre de mâcon. Avec un ami, ils m'avaient prise très au sérieux, et chaque lundi matin, très tôt, ne manquaient pas, habitant le Trocadéro, de traverser Paris pour le petit déjeuner au Rubis, avant de repartir en sens inverse, dans les embouteillages, pour rejoindre leur bureau de la Défense. À leurs collègues ahuris de les voir commencer la semaine avec une mine très réjouie, ils disaient qu'ils avaient trouvé « le secret de la bonne vie des vrais Parisiens ».

* * *

La salade de persil au parmesan de Gay Bilson

Le marché
100 g d'olives noires aux aromates
100 g de persil plat
50 g de câpres au vinaigre
copeaux de parmigiano regiano

Pour la sauce :
3 anchois
4 cuil. à soupe d'huile d'olive
1 citron
poivre du moulin

- Hacher finement les olives et grossièrement le persil. Blanchir les câpres 2 minutes à l'eau bouillante.

- Préparer la sauce : écraser les anchois, ajouter l'huile d'olive, un filet de citron et poivrer.

- Mélanger les ingrédients à la dernière minute, arroser de la sauce et parsemer de copeaux de parmesan.

Cette salade est délicieuse avec du lapin grillé.

* * *

Le séjour de deux semaines dans la cuisine d'un grand hôtel, en Thaïlande, me fera découvrir l'extraordinaire richesse de cette cuisine traditionnelle. Hélas ! l'hermétisme de l'écriture et du langage m'empêchera d'aller très avant dans les rencontres avec les cuisiniers. La gentillesse et le sourire des Thaïs me permettront tout de même de m'essayer à sculpter les fruits à leur manière. Je me rendrai compte que le récit de mes maladresses fera le tour du personnel, mais ma ténacité décontractée finira par emporter le morceau.

Très vite, la corbeille matinale de fruits frais sculptés me sera apportée par une jeune femme, chaque jour différente qui, sortant un petit couteau courbé de sa poche, entreprendra de me donner une leçon supplémentaire. Les employées de l'hôtel Siam avaient décidé que je repartirai en sachant au moins réaliser le modèle de base.

Par l'intermédiaire d'un Anglais et de son épouse, luxueusement logés dans les jardins du palais Royal, je rencontrerai une cousine du roi, dont la mère avait ouvert une école de cuisine traditionnelle dans les années 30 à Bangkok. Le projet de cette école, toujours en activité, rejoint mes préoccupations : comment garder vivantes, sans passéisme, les traditions culinaires dont la vie moderne fait fi.

Cette transmission de savoir-faire, nécessaire pour la vie quotidienne, se fait par la femme en même temps qu'elle transmet la vie. La traduction thaïe de cet aphorisme trouvera une application propre à choquer les âmes pudibondes, mais qui me fera réfléchir.

Bangkok, haut lieu de tous les débordements sexuels, est la proie des fléaux épidémiques de notre époque. Aussi, le premier projet de centre de planning familial prônant l'usage du préservatif, a trouvé accueil près de cette école de cuisine, dans le hall d'un restaurant baptisé *Cabbage in condom* (« le chou dans le condom », jeu de mots aussi intraduisible que poularde en vessie ou pets-de-nonne).

Ainsi, j'achèterai pour mes deux fils des tee-shirts à l'effigie de la Joconde. Et la Joconde façon thaï clignait de l'œil, tenant une plaquette de pilules contraceptives, ce qui lui donnait, avec son demi-sourire, un petit air coquin.

Mais la Thaïlande produit aussi bien des pêches et des fraises, que les plus délicieuses petites mangues vertes dont on puisse rêver. L'eau et la chaleur conjuguent leurs efforts pour aider à la production d'une incroyable palette de produits de la terre, tous plus délicatement succulents les uns que les autres.

Les Thaïlandais étant des artistes nés, leur cuisine est superbe, en même temps que présentée de façon exquise. Un mélange aromatique composé de sel, poivre, ail, racine de coriandre réduit en poudre, et coriandre fraîche en caractérise la saveur. Pas forcément trop fort, il parfume subtilement les poissons ou les viandes. Je l'ai rapproché, dans la méthode d'utilisation, de la fricassée périgourdine que ma grand-mère Julia employait systématiquement dans la soupe.

* * *

La fricassée de ma grand-mère

Le marché
1 oignon moyen
1 tomate
1 gousse d'ail hachée
un peu de graisse d'oie

- Faire revenir l'oignon émincé dans un peu de graisse d'oie. Lorsqu'il est coloré, y ajouter l'ail puis, tout de suite, la tomate coupée en morceaux. Cuire en remuant fréquemment jusqu'à ce que la cuisson ait absorbé toute l'humidité.

- Ajouter cette pâte au dernier moment à une simple soupe de légumes.

***

L'assaisonnement thaï

Le marché
ail pressé
coriandre fraîche
poudre de racine de coriandre
sel, poivre

- Dans une poêle très chaude, faire revenir vivement, presque à le brûler, l'ail pressé et la coriandre fraîche.

- Saler largement et, au dernier moment, ajouter plusieurs pincées de racine de coriandre en poudre, et du poivre.

Il est important de travailler très vite, et avec un feu très fort, de façon à restituer le parfum légèrement caramélisé du mélange.

On peut tartiner cette pâte sur le poisson avant de le faire griller.

* * *

Cinq semaines dans une ferme au Mexique pour y installer un projet de gavage de canard qui ne se poursuivra pas, nous amènera, ma fille Anne et moi, à nous régaler de la nourriture quotidienne des Indiens de cette partie du pays. Dès le matin, nous allons chercher le *pan dulce* (« le pain doux ») chez le boulanger voisin. Un bon café, cultivé et grillé au village, avec une purée d'avocats cueillis sur l'arbre, les oignons doux, le piment du jardin et le citron vert encore humide de rosée, constituent un petit déjeuner de rêve. Nous traversons le village où les enfants jouent déjà dès 6 heures du matin. Nous trouvons sur notre chemin les petites filles, vêtues de robes à volants tuyautés jaune vif ou rose pâle, les nattes, encore humides du bain du matin, ornées de larges rubans à coques ; ou les petits garçons, en blanc ou bleu pastel, le pli du short impeccablement repassé, qui se balancent dans les arbres. À notre passage du soir, les volants, les nœuds et les plis de short couverts de poussière, ils sont toujours aussi joyeusement occupés à gambader dans tous les sens. Dans le village, au petit matin, les paysannes, courtes Indiennes vêtues de noir, et enveloppées dans un grand châle de couleur vive, se dirigent vers le moulin en portant au creux de leur bras le maïs bleu, pour les tortillas de la nourriture familiale quotidienne.
Les claquements précisément cadencés de la paume et du bout des doigts, pour le pétrissage à la main des

galettes, me rappellera le rythme du fouet des cuisiniers confectionnant la fameuse omelette de la Mère Poulard au Mont Saint-Michel. Ils se rapprochent, dans ma mémoire, du chant à l'oie des paysannes corréziennes, et de la cadence du rappel du troupeau de dindons en train de se gaver sous les châtaigniers. Musiques de la vie quotidienne, leurs différentes harmonies accompagnent toujours l'effort de la femme vaquant à ses occupations de nourricière de sa famille.

Mme Gouda élève, pour quelques clients triés sur le volet, une quarantaine de dindons chaque année. Je passe ma commande au mois de février. Les petits dindonneaux sont achetés à la grande foire de Pentecôte et chouchoutés, jusqu'à ce qu'ils aient « mis le rouge ». C'est-à-dire jusqu'à ce que la minuscule dentelle qui leur sert de crête et les délicats barbillons de taille assortie, de beige rosé aient virés à l'écarlate. Ils sont très fragiles et peuvent mourir en dix minutes, s'ils ont peur ou froid. Après ce passage délicat, ils se constituent en troupeau social très hiérarchisé, et mènent une vie de doux farniente dans les prés et les bois entourant la maison. Ce qui rend leur chair particulièrement succulente est le fait que la ferme de Mme Goudal est située, non loin de chez moi, sur le Causse, et environnée de grands bois de châtaigniers. Ce n'est pas par hasard que la dinde s'accommode avec les marrons. Lorsque ces merveilleux oiseaux sont élevés en liberté, leur plaisir est de passer une grande partie de la journée dans les bois, à se gaver des châtaignes qu'ils trouvent eux-mêmes, sur le sol. Ainsi leur chair devient d'une finesse extrême, et acquiert une douceur incomparable. Mme Goudal m'invite chaque année à venir, début septembre, voir « mon troupeau ». Je choisis une grande après-midi de soleil pour lui montrer que je m'intéresse de très près à son travail.

Lorsque j'arrive, elle lance d'une voix sûre une mélodieuse mélopée, composée de deux ou trois phrases musicales qui se répètent jusqu'à ce que le chef du troupeau lui réponde. Très vite un majestueux glou-glou arrive du fond des bois. Il est temps de s'asseoir devant la maison et de goûter le vin de pêche, en donnant des nouvelles de la famille. Quelques minutes plus tard, des petits points noirs apparaissent à la lisière du bois situé à environ deux ou trois cents mètres à travers le grand pré. C'est le troupeau qui arrive, sous la conduite du grand mâle dominant. Ils viennent en confiance, car ils ne sont jamais dérangés pour rien.

Dix minutes après, devant nous, « mon troupeau » parade, le grand mâle et ses copains font la roue, et picorent d'un air distant l'orge et le blé que ma voisine leur lance. Il est temps de s'extasier sur les jabots distendus, et les plumes bleu nuit, bien brillantes, tout en faisant, mentalement, la liste des privilégiés à qui on va offrir les galantines, en cadeau de Noël.

***

La galantine de dinde au foie de canard

Le marché pour 2 galantines
1 dinde
2 foies gras
sel et poivre du moulin

Encore une préparation d'une simplicité totale dont l'excellence ne fait appel à aucun talent particulier, en dehors de celui de l'éleveur. Le cuisinier n'y a aucun mérite.

• Désosser la dinde et assaisonner (sel et poivre du moulin).

• Nettoyer les foies sans les écraser et assaisonner (sel et poivre du moulin).

• Enrouler 1 foie de canard dans une demi-dinde désossée. Tasser dans un bocal en verre, et fermer hermétiquement. Procéder de la même manière pour le deuxième foie et l'autre moitié de dinde.

• Stériliser pendant 3 heures à 100°.

• Stocker au moins 2 ans dans un endroit tempéré.

Carnets de cuisine, du Périgord à l'Élysée

Si ma préférence pour le foie gras en terrine va vers le foie d'oie, il est absolument indispensable d'utiliser le foie de canard pour la galantine. Le goût légèrement musqué du foie de canard rehausse la subtilité de la chair de la dinde.

* * *

À côté de tous ces mondes bien réels, le cinéma, en me proposant l'aventure géorgienne, me fera découvrir l'art du faux-semblant. Avec la chaleureuse recommandation de Geneviève Baudon, ma très fidèle amie de la Librairie Gourmande à Paris, je pars pour Tbilissi. Geneviève, totalement requise par le sérieux qu'elle apporte à la gestion de ses affaires, ne s'autorise pas une grande fantaisie dans la réalité quotidienne. Mais elle rêve. Et, bien souvent, je suis la bénéficiaire de ce qu'elle ne peut accomplir elle-même, faute de temps, et qu'elle m'offre généreusement.
J'ai pour mission d'assister l'équipe de réalisation d'un film et son acteur principal, Pierre Richard, qui joue le rôle d'un cuisinier, afin que tout ce qui touche à l'aspect culinaire soit crédible. J'effectue de passionnantes recherches dans des documents d'époque, qui aideront à réaliser un décor étonnant. Les reconstitutions me laisseront stupéfaite et émerveillée. Je regretterai de ne pouvoir emporter chez moi les tables de service de la cuisine, réalisées en chêne massif, et les magnifiques fourneaux de carton peints de couleur bronze. La confection des plats donnera lieu à des situations surréalistes que seul

le génie de la réalisatrice parviendra à transformer en scènes de la vie quotidienne.

Le film traite du plaisir. Un Français stéréotypé (admirable amant, délicat gourmand, esthète baroque) rencontre au Caucase, dans les années 20, une délicieuse princesse géorgienne, tombe sous le charme du pays et de la belle, et y devient, par amour, un cuisinier de réputation internationale, puis chute douloureusement sous les coups des bolcheviks.

Ma rencontre avec l'acteur Pierre Richard, qui joue le cuisinier du film, est totalement plaisante. Je dois, dans un premier temps, lui indiquer quelques gestes professionnels. Je suis un peu intimidée, mais il l'est autant que moi, peut-être même davantage. Je le retrouverai, pour la suite des leçons, sur le plateau de tournage, où l'ambiance géorgienne est d'une logique hors de portée de nos esprits esprits cartésiens.

Il est un immense acteur et un compagnon charmant et bourré d'humour. Mais tout de même, un jour à Tbilissi, le drame se noue. Pour l'inspiration, Pierre a besoin de « son saucisson et de son camembert ». Choisis par ses proches, ils sont acheminés dans les bagages des visiteurs qui se succèdent sur le lieu du tournage.

Sur le plateau ce jour-là, l'anarchie et la schizophrénie règnent. L'atmosphère est stridente. Et soudain, Pierre a une idée lumineuse : si on goûtait au saucisson ? Il faut qu'il soit sérieusement agacé, car nous sommes cinq ou six à attendre les directives de la réalisatrice ; donc, son saucisson va y passer tout entier !

Puisque je n'ai rien d'autre à faire, je vais jusqu'à la maison et, là, je comprends. Une délicieuse grand-mère géorgienne, souriante mais ne parlant pas un mot de français, assure les repas et l'organisation de la maison de l'équipe. Voyant sur la table de la cuisine deux beaux saucissons, poivrés et cendrés, nouvellement arrivés de France, et les trouvant fort sales, elle n'a eu aucune hésitation : direction la poubelle... laquelle a déjà été vidée dans le grand conteneur au coin de la rue.
Fataliste, je reviens vers Pierre et tente de lui expliquer que ce n'est pas une blague. Je réalise alors, en voyant sa mine absolument ébahie et défaite, combien il est choqué.
Nous retrouverons les saucissons en retournant la benne du camion poubelle sur le côté de la rue. Les éboueurs, occupés à boire quelques verres de vodka avec des copains, ont bien obligeamment accepté de rendre ce service à Pierre, qui est un acteur très aimé en Géorgie.
La cuisinière en larmes présentera ses excuses à Pierre qui ne pourra pas la consoler autrement qu'en l'embrassant tendrement à plusieurs reprises ; jusqu'à ce qu'elle lui révèle qu'il pouvait goûter sans crainte à ses chers saucissons, car elle les avait soigneusement désinfectés à l'eau de Javel !
Tout est intensité pour les Géorgiens, qui chantent avec passion l'amour, la douleur et la liberté. La pauvreté portée avec une dignité royale, le regard lumineux des Circassiennes, connues depuis l'Antiquité comme les plus belles femmes du monde méditerranéen, les alignements,

sur le marché, de dômes de farine de toutes les nuances de blanc cassé, la merveilleuse hospitalité de ces gens qui donnent, en dansant, tout ce qu'ils ont avec leur cœur et leur vin, tout cela s'est juxtaposé en moi aux traditions d'accueil telles qu'elles sont pratiquées par les gens de nos régions du Sud-Ouest.
Près d'un an plus tard, j'ai l'occasion de recevoir à ma table, en Dordogne, Nana, la réalisatrice des *Mille et Une Recettes du cuisinier amoureux* et son mari Irakli, tous deux grands intellectuels géorgiens. De passage à Sarlat pour le Festival du film, ils distraient deux heures de leur précieux temps pour un goûter impromptu à la table familiale de La Borderie. Inspiré par l'âme de la maison, Irakli le conteur nous fait partager un moment magique. Je recevais, ce jour-là, des amis américains, turcs et français. Les doux accents de la langue russe, subtilement traduits par mon ami Jean Radvanyi, nous laisseront tous dans une chaleureuse ambiance de rêve et de réconfort.

Mais parmi tous les pays dans lesquels j'ai voyagé, je reste fidèle aux États-Unis, qui sont toujours pour moi le grand révélateur d'énergie. Je sais exactement quel doit être le contenu de ma valise selon l'endroit pour lequel je m'envole, à n'importe quel moment de l'année. Je marche dans la ville comme tous les New-Yorkais avec une paire d'yeux derrière la tête, et en sachant que la température printanière du matin risque de se transformer avant midi en un froid polaire, avec vent glacial qui coupe en deux. Pour aller travailler en hiver, j'emprunte le vison de mon amie An My, en espérant ne pas rencontrer une dynamique équipe d'amis des animaux, armée d'une boîte de peinture. J'ai appris à transporter mes hauts talons dans un sac en plastique, pendant que j'arpente Manhattan en tennis et doubles chaussettes. Je donne mes rendez-vous d'affaires au bar du Gotham Bar and Grill, et je brunche avec mes copains, le dimanche matin, dans le Village. Je sais déjeuner d'une pizza double-fromage-pepperoni et d'un grand Coca aussitôt arrivée sur le sol américain, histoire de refaire connaissance avec les coutumes locales. Et je me suis, dernièrement, vraiment sentie chez moi, quand un chauffeur de taxi à qui je reprochais de faire un grand détour, m'a répondu : « Pas de panique, poupée, puisque tu sais où tu vas, je t'y amène tout droit ». Les retours ne sont plus des coupures. Les trajets en avion ne sont plus que la durée de la prestation que j'ai proposée en échange, et le temps que j'ai ainsi gagné me permet de lire un de ces livres qui m'attendent à la maison, en permanence. James Beard a quitté ses amis à la fin des années 80, après avoir réuni, au cours d'une longue vie de passion culinaire, une belle collection d'objets et de livres. Amoureux de la tradition française, il a eu à cœur de réconcilier les Américains avec leur cuisine traditionnelle ; il en a répertorié les sources et il a défini les bases de la gastronomie de son pays. Mes amis Peter Kump et Julia Child ont, dans les années suivantes, créé une fondation, domiciliée dans sa maison du Village, à New York, qui, tout en rassemblant les collections dispersées, se veut le lieu incontournable des racines culinaires américaines. Une manifestation annuelle, les James Beard Awards, délivre une reconnaissance nationale. Je suis la seule Française à être invitée chaque année, depuis le début, à remettre un prix à l'une des catégories concernées. Je suis très honorée d'avoir été invitée à le faire en 1992, au Lincoln Center, pour le thème : « la place de la femme en cuisine ». Cette année-là, Peter m'invitera à diriger l'équipe de cuisine, pour une de leurs réceptions de bienfaisance.

Plusieurs de mes amis, membres de la Fondation, se déplaceront, parfois de fort loin, pour me faire une bise de bienvenue et assister au dîner. Aux États-Unis, quand vous avez des amis, ils viennent jusqu'à vous pour vous dire qu'ils vous aiment. J'y ferai deux rencontres capitales.

Pendant que nous sommes occupés à la préparation du repas, la directrice de l'endroit a introduit dans la cuisine une charmante jeune Vietnamienne, qui s'était présentée en ces termes : « J'avais lu dans le journal que c'était vous qui faisiez la cuisine. Je passais devant la maison, et comme ça m'intéressait de vous rencontrer, je suis entrée. Je suis photographe, puis-je vous aider ? » Depuis cet instant, je ne pense jamais à An My sans sentir mon cœur fondre de tendresse. Son charme délicat et son merveilleux talent d'artiste me la rendent très précieuse. J'ai appris beaucoup de choses avec elle, dans plusieurs domaines, et elle fait partie du cercle immédiat de mes amours. Elle m'a offert un tirage d'une de ses photos d'artichauts, qui m'a révélé ce qu'une représentation de plat doit être.

Les hôtes du dîner, environ soixante-dix à quatre-vingts, sont invités à se rendre à la salle à manger, en passant par un des côtés de la cuisine où tous les cuisiniers s'affairent en ma compagnie. Amis, amis d'amis, journalistes connus et inconnus défilent. Une ravissante, souriante et délicate jeune femme, avec une lourde chevelure déroulée jusqu'aux reins, s'adresse à moi dans un français parfait :

« Bonjour madame, j'aimerais vous demander ce qui vous intéresse le plus dans la vie ?

– ... Apprendre chaque jour quelque chose de nouveau. Mais vous parlez très bien français.

– Je vais faire un article sur vous dans le *Elle* américain. Je dirige les pages culinaires du magazine. Je suis française, je m'appelle Sabine Cassel. »

Cela donnera un prestigieux article, de ceux qui sont l'objet de toutes les convoitises, de la part des gens « à la mode », long de sept pages, et illustré par le top du top de la photo en couleur.

Mais, plus précieux encore, le goût du bonheur et une commune fascination pour l'astrologie et les sciences spirituelles nous liera. Je partagerai avec cette Niçoise d'origine, une attirance subtile. En France ou ailleurs, nous nous rencontrons toujours avec le plus grand plaisir.

Suite des cahiers de voyage

* * *

La pissaladière comme chez Sabine

Le marché pour 6 à 8 personnes
12 filets d'anchois
1 kg d'oignons doux
3 gousses d'ail
5 cuil. à soupe d'huile d'olive vierge
sel, poivre du moulin

Pour la pâte à pissaladière :
400 g de farine
1 verre d'huile
1 verre d'eau
sel (attention à cause des anchois)

- Pour faire la pâte, mettre la farine dans une jatte et y creuser un puits, verser le verre d'eau avec le sel (le verre d'eau versé en premier évite les grumeaux), puis verser le verre d'huile.

- Bien pétrir la pâte avec les mains, ou bien au batteur avec le crochet, jusqu'à ce qu'elle soit très souple ; la laisser reposer 1 bonne heure.

- Pendant ce temps, éplucher et émincer très fin les oignons. Les mettre à cuire dans une poêle avec peu d'huile d'olive, à feu doux. Il faut que les oignons restent blonds ; ajouter l'ail émincé en tranches fines, du poivre et du sel.

• Étaler la pâte, pas trop épaisse, sur une plaque rectangulaire pouvant aller au four ; étendre une bonne couche d'oignons cuits, décorer avec les filets d'anchois en croisillons, poser les olives noires pour le décor et rouler les bords de la pâte vers l'intérieur.

• Cuire à four chaud (200°) pendant environ 20 minutes. Surveiller.

* * *

L'article du *Elle* américain, en mentionnant l'existence de l'association Cuisinières du Monde, me vaudra un important courrier qui me mettra, lentement mais sûrement, sur la piste du cybermonde. Je ne veux plus partir loin de chez moi pour une aussi longue période. Je souhaite rester en contact avec tous les gens que j'ai rencontrés au cours de mes voyages. Je désire ouvrir La Borderie à tous ceux qui veulent rencontrer le Périgord et participer à sa vie quotidienne. Je sens confusément que les nouvelles technologies, dont j'ai pu toucher quelques effets au cours de mes voyages, peuvent me permettre de revenir sur mes terres et de garder la tête dans les étoiles. Je fais la cuisine et mes amis sont heureux de venir me rendre visite. Il est temps pour moi de partir à la rencontre des autres cuisinières. Je suis prête à ouvrir un autre livre.

CYBERCAHIERS

À partir de 1990, je voyage beaucoup à l'autre bout de la terre, mais aussi je fais quelques courts séjours dans les pays limitrophes de la France, juste assez pour me sentir européenne, et affermir mes certitudes sur le lien encore ténu mais réel, à mon sentiment, qui semble exister entre le multimédia et le geste de nourrir ses proches.

Aux États-Unis, un premier CD-Rom sur les musées de Florence, résultat tangible des nouvelles technologies, était parvenu jusqu'à moi. Je n'y prêtai pas grande attention dans un premier temps, mais un petit signal s'alluma dans un coin de ma tête ; j'étais tout de même intriguée. Bien que mon fils aîné soit informaticien, et passionné de l'être, je regardais les ordinateurs comme des machines infernales, dont ma génération saurait bien se passer. J'étais restée perdue dans le désert des maths modernes, depuis la scolarité des enfants, et je pensais depuis que tout cela formait un magma totalement dépourvu d'intérêt.

Il me semblait que les connaissances que j'avais accumulées sur la tradition, et sa traduction dans le geste culinaire, se suffisaient à elles-mêmes. J'en avais acquis la maîtrise de la transmission orale. J'avais conquis une place unique dans un marché difficile. En me faisant vivre sans luxe, ses applications nourrissaient tous mes centres d'intérêts, philosophiques, sociologiques et ethnologiques.

D'autre part, il me semblait que le monde déboussolé ne pourrait se passer longtemps de revenir à ses racines. Ainsi étais-je assurée d'avoir une occupation jusqu'à la fin de ma vie ; à moi de la rendre aussi lucrative que possible, avec les critères moraux auxquels je souhaitais rester fidèle.

En revenant à la source, je comprenais enfin.

Que l'homme a besoin de manger chaque jour.

Que cette nourriture quotidienne, souvent mise en forme et en production par la femme, devient très vite une matière avec laquelle elle exprime un geste intensément artistique.

Que les puissants en présence, qui appartiennent souvent au monde masculin, s'adjugent une prépondérance ridiculement obsolète, et sans objet dans le monde où nous sommes.

Que si le scénario politique en vigueur, à partir de l'acte de cuisiner et de nourrir, est parfois ridicule à nos yeux de nantis, il est parfaitement scandaleux aux yeux de ceux qui luttent pour manger.

Il me devenait évident qu'il fallait échanger et non vendre à tous les coups, définir une ligne plus raisonnable d'honoraires, pratiquer l'entraide en toutes occasions. Et surtout rester conscient que l'art culinaire n'a plus rien à voir avec la débauche de produits de luxe de nos pays, sursaturés de nourriture.

Il m'apparut nécessaire, tout d'abord, de créer une structure, bien solide, aux mailles aussi lâches que possible. Un centre de réflexion, domicilié dans un lieu simple et ouvert à tous. En 1991, naquit l'association Cuisinières du Monde, à La Borderie.

L'obsession de survivre et de payer les charges de la ferme familiale, toujours douloureusement présentes, laisse peu de place, à ce moment-là, à un indispensable enthousiasme.

Je reçois l'aide nécessaire de mes enfants, qui me l'accordent inconditionnellement. Ils viennent aux nouvelles, me prêtent quelque sous, m'envoient des fleurs, et des lettres précieuses et, s'ils doutent de moi, n'en laissent rien paraître.

Vincent, l'informaticien, me fait inviter, m'accompagne à un grand show multimédia et, dosant avec humour-amour l'encouragement et la menace, fait le point en ces termes : « Ton parcours professionnel et personnel jusqu'à présent est cohérent mais, maintenant, ce que tu es en train de faire, c'est comme faire de la plongée sous-marine dans une piscine avec un habit de scaphandrier. Dans dix ans, et même avant, tu n'auras même plus le choix de savoir si tu veux revenir vivre à La Borderie, ou non. Tu y seras coincée. »

Avoir les ailes coupées n'est pas dans mon programme. Même dans dix ans. Et Vincent est un terrien, avec un bon sens paysan, passionné d'informatique, bien éclairé par une solide intelligence. J'ai confiance en lui.

Internet et multimédia, voilà où il faut plonger... Allons-y ! Une fois décidées, les choses se mettent en place facilement. Les bonnes personnes apparaissent au bon moment.

Je fais le point. Je sais conduire une maison. Comme toute mère de famille efficace, je suis parée à faire face à la plupart des situations les plus délicates. Certes, mon esprit de synthèse est rouillé, ma mémoire aussi, mais le pont entre le geste et l'esprit, l'imagination et le bon sens est là, solide.

J'ai fait, au long de ma vie, cinq choses dont je suis inconditionnellement fière : mes quatre enfants, et avoir réappris l'anglais. (Une bonne pratique de l'anglais est une nécessité pour aborder le monde de l'électronique.)

J'ai rencontré, deux ans auparavant, les Cook, des gens délicieux. Jim, son épouse Ferhan et leur fils Dany, neuf ans, mêlent plusieurs cultures. Jim, Américain né dans la région de Cape Cod, et Ferhan, née à Istanbul, se sont connus à l'université de Hawaï. Avec leur fils Dany, « américano-turc » né en Californie, ils ont choisi de vivre en France.

Ferhan a créé en Europe le multimédia pour Apple et, après en avoir assuré la direction pendant onze ans, dirige maintenant sa propre affaire. Son mari, un ingénieur à la pointe des nouvelles technologies, fait partie du comité directeur de Apple Computer. L'humour de Jim et la chaleur méditerranéenne de Ferhan se retrouvent dans la tournure d'esprit fine et aiguisée de leur fils, un jeune garçon astucieux.

Ce sont des gens adorables qui, en prenant l'avion comme on prend son vélo, raccourcissent les distances entre les différentes villes du monde où on établit les règles des nouvelles technologies. Ils sont sur la crête de la vague des nouvelles idées et surfent sur Internet, tout en s'intéressant à la dégustation et à la préparation du foie gras.

Ils ont une disposition extraordinaire à découvrir la richesse des vignobles français, depuis leur grande maison adossée aux collines d'Orgeval. Dans la vie quotidienne, la fantaisie débridée est leur mot d'ordre. Cet intéressant mélange me prouve que les nouveaux outils technologiques peuvent être utilisés pour développer mes idées sur la cuisine et les produits de qualité.

C'est en lui exposant ce que je sais faire et ce que je veux apprendre, que Ferhan et moi passerons un accord. Je viendrai m'installer à leur domicile dès octobre, pendant une année scolaire, pour faire tourner la maison, et je repartirai fin juin, « internetisée » par leurs soins.

Un an plus tard, début juillet 1996, Cuisinières du Monde possède un site sur Internet. Je comprends enfin la rubrique multimédia des cahiers spéciaux du *Monde* et de *Libération*. Et les Cook, après avoir déposé Cuty, leur mignonne chatte, en pension chez la voisine, partent en vacances en Turquie.

Lentement, en même temps que le jargon informatique, dans les deux langues, anglais et français, arrive au jour un projet sur La Borderie, au cours de mon séjour à Orgeval. Ce projet nécessite des investissements et, notamment, l'achat d'un bon équipement informatique, évidemment très cher.
Un appel téléphonique inattendu et providentiel me propose alors un petit contrat à Paris. Payée rubis sur l'ongle, et avec les conseils éclairés de mes maîtres à penser en informatique, j'entrerai en possession d'un bel outil. Premier pas vers le grand projet d'investissements, prévu sur trois ans.

Retour à La Borderie, où mon ambitieux projet devra trouver terrain d'application et point de départ. Pour commencer, je devrai remplacer moi-même les tuiles du toit du hangar et m'atteler, en compagnie d'amis compatissants, à défricher la jungle qui entoure la maison. Planter un clou revient à chercher un marteau que je ne trouve pas à sa place. Le temps de pester contre les derniers occupants, qui ont peut-être confondu ma trousse à outils et la leur, et je me retrouve devant un écran d'ordinateur, à lire le courrier destiné à l'association, aimablement transmis, via Internet, par Mr. America-on-Lines.

Je me sens devant une montagne à gravir, mais j'ai appris beaucoup de choses, et je sais surtout qu'il suffit de tenir le coup une minute de plus que ses interlocuteurs pour emporter le morceau.

La survie du projet passe par la bonne santé physique de l'habitation. Les toitures qui ont laissé échapper quelques ardoises, les glycines, qui ont envahi les gouttières, m'obligent à garder les deux pieds sur la terre ferme. Mais je regarde la maison comme une amie et elle me donne tout ce qu'elle a.

L'abondance des pommes sur des arbres, qui n'ont reçu aucun soin depuis trois ans, me laisse entrevoir pour les années à venir un jardin fleuri sous le soleil printanier, avec de belles rangées de légumes. Du temps de ma mère, je me les rappelle, bien droites, seulement interrompues, de place en place, par une fleur qui poussait spontanément, et qu'elle laissait croître, en disant que si elle avait choisi de pousser là, c'est que tout lui convenait.

La roseraie est devenue une réalité, et je peux m'imaginer dans un futur proche récoltant chaque matin les pétales les plus odorants, qui seront transformés en loukoums et confiture de roses. D'ailleurs, pour donner du corps à mon rêve, j'ai déjà prévu d'aller à l'automne en Turquie, afin d'en apprendre les techniques artisanales.

Les figuiers ont besoin d'être taillés, et le tilleul est passé de fleurs, mais la vigueur du grand laurier est une promesse que je pourrai en utiliser les feuilles qui, ajoutées à

de l'huile d'olive, en une savante cuisson, constitueront de grandes piles de savons odorants.
Le pied de sauge a de nouveau disparu sous les ronces, et les herbes fines me livrent déjà leurs parfums, depuis l'endroit le plus ensoleillé du jardin qui les appelle.

En harmonie avec toutes les techniques artisanales et artistiques, qui rythment la vie quotidienne dans le monde entier, mon rêve est là, il est sous ma main. C'est La Borderie : une cyberferme.

À PROPOS DE CUISSON

Donner une température de four est toujours une réelle difficulté, cela revient à dire que toutes ces belles recettes sont des directives à suivre aveuglément. L'important est de comprendre que toute indication doit être entendue dans son processus de déroulement ainsi que dans sa finalité. Une meringue est à traiter comme « une jeune mariée », de même qu'une liaison à l'œuf.

Mais au chapitre des cuissons, il est important de connaître son four, qu'il soit à gaz ou autre, et de ne pas regarder un plat, un instrument de cuisine ou une recette comme un ennemi qu'il faut réduire, ou comme une savante alchimie qu'il faut démystifier.

Cela étant dit, un four à température moyenne signifie tout simplement que l'indicateur doit être à peu près au milieu du cadran !... mais un degré en dessous s'il s'agit de transformer en perles de cristal doré le sucre saupoudré à la surface d'une crème, par exemple. Dix degrés au-dessus si la couche de gruyère à gratiner est épaisse à la surface des pâtes.

Et puis, on peut aussi se faire une spécialité de ne réussir que des gâteaux trop bronzés. Et puis aussi, entendre parler avec tendresse du ragoût un peu trop sec de Mamie qui n'a jamais pu apprendre à domestiquer son four électrique... Il suffit finalement, lorsqu'on se sent inspiré par une recette, et que l'on a envie de faire plaisir, de se laisser guider par son bon sens.

Quant à parler de termes spécifiques de cuisine, deux d'entre eux — vanner et dépouiller — semblent avoir déconcerté mes lecteurs néophytes. Je dirai simplement que le geste de va-et-vient, que contient le terme vanner, imprime un mouvement très doux de vague qui est le juste bon pour une sauce délicate, et que enlever la peau (dépouiller) d'une sauce permet de retirer de sa fine texture toutes les impuretés qui se groupent à la surface.

TABLE DES RECETTES

Légumes

Les mousserons comme ma mère	30
Les pommes de terre Julia	167
Les truffes en croûte	225
Le ragoût de truffes	230
La salade de persil au parmesan de Gay Bilson	251
La pissaladière comme chez Sabine	267

Poissons et crustacés

La bourride à la sétoise	23
Le homard Docteur Muzac	40

La soupe de clams du pêcheur de Nouvelle-Angleterre	122
Les paupiettes de poisson aux épinards	125
Le chou farci au saumon, braisé aux petits lardons	159
Le couscous de poisson comme on le mange à Djerba	204
La chaudrée charentaise	215
Les coquilles Saint-Jacques de Coffin Bay	246

Foies gras et volailles

La tourte au foie gras, sauce aux câpres	50
Le ragoût de gésiers de Bernadette	70
Le poulet aux tartines de foie gras et aux écrevisses	77
Le poulet au vinaigre de Gregory	93
Le confit comme le préférait Gregory	97
Les gésiers d'oie en cassolettes feuilletées	101
La soupe de carcasse	113
The Buffalo Chicken Wings	118
Le poulet rôti de Charles	138
Le coussin de poularde à la quercynoise	144
La poularde au monbazillac	171
Ma poularde demi-deuil, sauce grand-mère Léonie	195

Le foie gras au verjus de la Borderie 238
La galantine de dinde au foie de canard 259

Viandes et abats

Les ris de veau en sauce aux truffes 55
La mique et son petit salé 59
La daube à la provençale 82
Les côtelettes d'agneau sauce poulette
et la purée d'asperges 88
La daube de la Saint-André à ma façon 155
La côte de bœuf à la bordelaise,
haricots verts ajaunis 176
Les paupiettes à la mode de Marseille 181
Le jarret de veau braisé
à la moutarde violette 185

Lapins et gibiers

La terrine Gabrielle 108
Le civet de lapin 134
La gibelotte de lapin 164
Le lièvre en royale 209

DESSERTS

Le gâteau de mariage de Marcia	18
Les pêches rôties à l'angélique	26
La frangipane d'Estivals	36
Le pasti aux pommes de tante Michou	46
Les beignets de fleurs d'acacia	63
Les vraies profiteroles pour Mme Henric	73
Le gâteau aux noix de M. Pecouyoul	130
La crème de Mémèe	190
La tarte meringuée	191
La tarte au chocolat Julia	200
Les scones	218

ET AUTRES...

Les œufs frits à la soubressade et à la menthe fraîche	33
Les blinis de Brigitte	150
La fricassée de ma grand-mère	254
L'assaisonnement thaï	255

INDEX DES RECETTES

L'assaisonnement thaï	255
Les beignets de fleurs d'acacia	63
Les blinis de Brigitte	150
La bourride à la sétoise	23
The Buffalo Chicken Wings	118
La chaudrée charentaise	215
Le chou farci au saumon, braisé aux petits lardons	159
Le civet de lapin	134
Le confit comme le préférait Gregory	97
Les coquilles Saint-Jacques de Coffin Bay	246
La côte de bœuf à la bordelaise, haricots verts ajaunis	176
Les côtelettes d'agneau sauce poulette et la purée d'asperges	88
Le couscous de poisson comme on le mange à Djerba	204

Le coussin de poularde à la quercynoise	144
La crème de Mémée	190
La daube à la provençale	82
La daube de la Saint-André à ma façon	155
Le foie gras au verjus de la Borderie	238
La frangipane d'Estivals	36
La fricassée de ma grand-mère	254
La galantine de dinde au foie de canard	259
Le gâteau aux noix de M. Pecouyoul	130
Le gâteau de mariage de Marcia	18
Les gésiers d'oie en cassolettes feuilletées	101
La gibelotte de lapin	164
Le homard Docteur Muzac	40
Le jarret de veau braisé à la moutarde violette	185
Le lièvre en royale	209
La mique et son petit salé	59
Les mousserons comme ma mère	30
Les œufs frits à la soubressade et à la menthe fraîche	33
Le pasti aux pommes de tante Michou	46
Les paupiettes à la mode de Marseille	181
Les paupiettes de poisson aux épinards	125
Les pêches rôties à l'angélique	26
La pissaladière comme chez Sabine	267
Les pommes de terre Julia	167
La poularde au monbazillac	171

Index des recettes

Ma poularde demi-deuil, sauce grand-mère Léonie	195
Le poulet au vinaigre de Gregory	93
Le poulet aux tartines de foie gras et aux écrevisses	77
Le poulet rôti de Charles	138
Les vraies profiteroles pour Mme Henric	73
Le ragoût de gésiers de Bernadette	70
Le ragoût de truffes	230
Les ris de veau en sauce aux truffes	55
La salade de persil au parmesan de Gay Bilson	251
Les scones	218
La soupe de carcasse	113
La soupe de clams du pêcheur de Nouvelle-Angleterre	122
La tarte au chocolat Julia	200
La tarte meringuée	191
La terrine Gabrielle	108
La tourte au foie gras, sauce aux câpres	50
Les truffes en croûte	225

TABLE DES MATIÈRES

Cahiers de la borderie 13

Cahiers de voyage 103

Cahiers du temps Élysée 153

Suite des cahiers de voyage 241

Cybercahiers 269

Table des recettes 279

Index des recettes 283

Imprimé en Italie
par Grafica Veneta
Dépôt légal : octobre 2012